in Bökenwise und in tüfels hüten

Katja Zimmer

in Bökenwise und in tüfels hüten

Fasnacht im mittelalterlichen Basel

183. Neujahrsblatt
Herausgegeben von der Gesellschaft
für das Gute und Gemeinnützige Basel

Schwabe Verlag Basel

© 2005 by Schwabe AG, Verlag, Basel
Gesamtherstellung: Schwabe AG, Druckerei, Basel/Muttenz
Gestaltung: Karl Leiner
Umschlag: Miniatur, 14. Jh., Ausschnitt. Vgl. Abb. 3, S. 18
ISBN 3-7965-2092-8
ISSN 1423-4017

www.schwabe.ch

Inhaltsverzeichnis

Grusswort der Präsidentin 7

Vorwort und Dank 9

Einleitung 11
    Forschungsüberblick 11
    Fragestellung und Überblick über die verwendeten Quellen 21
    Ursprung und Entstehung der Fasnacht 22
    Formales und Termine der Fasnacht 26

Maskenbräuche 29

Heischebräuche 43

Rügebräuche 49

Fasnachtsspiel 58

Feuerbräuche 59

Bankett und Tanz 63

Fasnachtsturnier 69

Zusammenfassung 75

Ausblick auf die weitere Entwicklung der Basler Fasnacht 79

Anmerkungen 80

Bibliographie 89

Quellenanhang 93

Abbildungsnachweis 104

Grusswort der Präsidentin

Es ist erstaunlich, dass keines der 182 Neujahrsblätter, die seit 1821 von der Kommission zum Neujahrsblatt der GGG herausgegeben worden sind, die Basler Fasnacht behandelt. Zwar beschreibt Friedrich Meisner im 47. Neujahrsblatt mit dem Titel «Schweizerische Feste im 15. und 16. Jahrhundert» unter anderem auch Fasnachtsbräuche, und die «Böse Fasnacht» von 1376 findet immer wieder Erwähnung, aber noch nie wurde ein ganzes Heft diesem für Basel doch zentralen Thema gewidmet. Dank der durch Prof. Dr. Werner Meyer betreuten Lizentiatsarbeit von Katja Zimmer bekommen wir nun Einblick in diejenigen Bräuche, die die Fasnachtszeit des vorreformatorischen Basel prägten. Da sich, wie so oft in der Geschichte, die Aktivitäten der Bevölkerung vor allem dort fassen lassen, wo sie kritisiert oder von der Obrigkeit verboten werden, breitet sich vor uns ein besonders farbiges Bild des mittelalterlichen Brauchtums aus. Ich wünsche dem Buch, das noch unter meiner Vorgängerin im Amt, Beatrice Alder, geplant und konzipiert wurde, eine wohlwollende Aufnahme, und ich hoffe, dass es die Leserin und den Leser zur Frage verführt, woher so manches, das wir Tag für Tag denken und Jahr für Jahr tun, wohl stammen möge.

    Doris Tranter
    Präsidentin der Kommission
    zum Neujahrsblatt der GGG

Vorwort und Dank

Über die Basler Fasnacht gibt es schon unzählige Publikationen, was bei einem so wichtigen Ereignis im Basler Brauchtumskalender auch nicht weiter verwundern kann. Jedoch beschäftigen sich diese Texte hauptsächlich mit der Fasnacht, wie wir sie heute kennen. Oft wird nur am Rande erwähnt, dass es schon im Mittelalter ein Fasnachtsbrauchtum in unserer Stadt gegeben hat. Dabei wird hauptsächlich die traumatische Böse Fasnacht von 1376 angeführt. Dass sich die Fasnacht von damals aber sowohl vom Inhalt her als auch in der äusseren Form von der heutigen unterscheidet, ist den meisten nicht klar. Die Fasnacht im mittelalterlichen Basel war ein komplexes Brauchtum, das in seinem Inhalt durch verschiedenste Einflüsse geprägt und gewachsen war. Die Fasnacht im Mittelalter, so scheint es, unterschied sich deutlich von der heutigen Form in Basel. Jedoch entdeckt man im modernen Fasnachtstreiben gelegentlich Züge, die sich bis ins Mittelalter zurückverfolgen lassen.

Die vorliegende Publikation ist eine überarbeitete Fassung meiner Lizentiatsarbeit, die aus einer volkskundlich-historischen Fragestellung herausgewachsen ist. Das verwendete Quellenmaterial bestand zur Hauptsache aus Transkriptionen von mittelalterlichen Texten, die im Archiv der Schweizerischen Gesellschaft für Volkskunde in Basel aufbewahrt werden. Deshalb besteht die Möglichkeit, dass diese leicht von den Originalen abweichen. Aus technischen und terminlichen Gründen hätte die Beschäftigung mit den Originalen den zeitlichen Rahmen dieser Lizentiatsarbeit gesprengt.

Dank gebührt allen Personen und Institutionen, die diese Publikation, sei es mit Rat und Wissen, sei es mit der Beschaffung von Abbildungsvorlagen, unterstützt haben. Vor allem möchte ich den Mitgliedern der Kommission zum Neujahrsblatt der GGG besonders herzlich für die Chance danken, meine Arbeit als 183. Neujahrsblatt veröffentlichen zu können. Dank schulde ich ferner allen Mitarbeitern des Schwabe-Verlages für die sorgfältige Drucklegung.

Ein besonderer Dank gilt auch Prof. Dr. Werner Meyer, der mir das Thema für meine Lizentiatsarbeit vorgeschlagen und mich immer wieder mit Anregungen und Fachwissen unterstützt hat. Frau M. Letizia Heyer-Boscardin danke ich für die unentbehrliche Begleitung bei der Vorbereitung der Publikation und für die viele Zeit, die sie in dieses Projekt investiert hat.

Insbesondere danken möchte ich aber auch meinen Eltern, Emmy und Fritz Zimmer, für ihre vielseitige Unterstützung und für die viele Geduld mit der immer mal wieder stressgeplagten Autorin!

Katja Zimmer

Einleitung

Forschungsüberblick

Bereits Ende des 16. Jahrhunderts befasste sich der Luzerner Stadtschreiber und Chronist Renward Cysat mit der Fasnacht. Im Mittelpunkt seines Interesses stand das Luzerner Stadtsymbol «Bruder Fritschi», auf dessen Ursprung und Bedeutung er zu kommen versuchte. Er wollte der Frage auf den Grund gehen, wo der Ursprung der Gestalt des Bruders Fritschi und der damit verbundenen Festivitäten an der Fasnacht lag.

«Alls nun jn volgenden zytten ein guotter landtman vnd vßburger dieser statt, ouch jn der selbigen kilchgang vssert dem Hoff an der Halden geseßen, sonst Fridlin, aber nach der gmeinen, gröbern vssern landsprach Frittschj genannt, wöllcher vngefarlich jm jar deß Herren 1480 möchte vß dieser zyt gescheiden sin. Diser guotter mann behalff sich synes anerbornen puwrenhandels vnd – wäsens, war doch ouch ein kriegsman gsin zuo sinen tagen, zoch sich vß jn siner zimmlichen vnd yngezognen hußhalltung, allso dz er nimmer jn wirts- oder wynhüsern funden ward; dann allein järlich allwegen vff disen obgenannten faßnachttag (Schmutziger Donnerstag) liess er sich vff dieser gsellschafft stuben zuom Saffran ‹zuo deren er ein sondre anmuottung gwonnen› finden, denselbigen tag mit guoten gsellen vmb sin pfenning zuo verschlyssen. Dannenhar gevolgt, das der tag Fritschis tag vnd die gsellschafft ouch nach demselbigen namen angfangen genamset werden. […] vnd zuo meerer gedächtnuß der sachen der gsellschafft jn gstallt eines testaments oder vergabung vnder den lebenden begabet vnd vereeret mitt ettwas järlichem ynkommens, mitt sollchen gedingen vnd ordnung, das järlich vff disen tag (Fritschitag) ein gsellschafft sich besamlen vnd einen verordnen [sölle], der erstlich durch die gantze statt herumb mitt spillüten beglaittet, damitt es niemand verborgen blybe, einen grossen kopff mitt wyn tragen vnd mengklichen daruß, rychen vnd armen, jungen vnd allten, wär deßen begerte, daruß ze trincken geben vnd derselbig kopff jmmerzuo widerumb yngefüllt werde, alles jn der gsellschafft kosten.»[1]

(«Ein guter Landsmann und Bürger dieser Stadt [welcher ausserhalb der Stadtmauer wohnte], der aussen am Hof an der Halden wohnte und Fridlin hiess – aber im Dialekt unserer Landessprache Fritschi genannt wurde – und 1480 gestorben war, nutzte seine angeborene Bauernschläue – obgleich er in jungen Jahren auch ein Kriegsmann gewesen war – und verbrachte keine Zeit mehr zuhause, so dass er auch nie mehr in Wirtshäusern oder Weinstuben gesehen wurde; er liess sich jedoch all-

Abb. 1 Der Gesandte der Basler bringt die in Luzern geraubte Fritschimaske nach Basel (1507).

jährlich zum obengenannten Fasnachtstag [Schmutziger Donnerstag] auf der Gesellschaftstube zum Safran, zu der er eine besondere Beziehung gewonnen hatte, sehen, um an diesem Tag mit guten Gesellen sein Geld auszugeben. Daraus folgte, dass man anfing, diesen Tag Fritschitag und auch die Gesellschaft nach ihm zu benennen. […]. Und um das Gedächtnis dieser Gesellschaft zu wahren, wurde eine Stiftung gegründet und mit einem jährlichen Einkommen ausgestattet. Man verordnete, dass sich die Gesellschaft alljährlich an diesem Tag versammeln solle und aus ihrer Mitte einen auswähle, der begleitet von Spielleuten durch die ganze Stadt ziehen solle, um dabei jedem, der wolle – sei er reich oder arm, jung oder alt –, aus einem grossen, mit Wein gefüllten Kopf zu trinken zu geben. Der Kopf [Trinkgefäss] sollte immer wieder aufgefüllt werden, und die Gesellschaft musste die Kosten tragen.»)

Im Gegensatz zu Cysat, der sich mehr für die Bräuche im Zusammenhang mit der Fasnacht interessierte, waren der Hauptansatzpunkt für die sich entwickelnde

Fasnachtsforschung nicht die fasnächtlichen Aktivitäten an sich, sondern die Frage nach dem Ursprung des Festtermins Fasnacht. Dabei spielte die Etymologie zu Anfang eine Hauptrolle. Zur Deutung des Wortes Fasnacht gab es verschiedene Ansätze, was mit den verschiedenen Schreibweisen des Wortes zusammenhing. In der vorliegenden Arbeit werden wir uns, da es sich hierbei um eine Untersuchung aus baslerischer Sicht handelt, auf die Schreibweise *Fasnacht* beschränken.

Wenn wir nun also zum Beispiel das «*Deutsche Wörterbuch*» von Jacob und Wilhelm Grimm konsultieren, finden wir die Erklärung, dass der Begriff Fasnacht im Mittelhochdeutschen schon um 1206 vorkomme, damals in der Schreibweise *vastnaht*, aus der Verbindung der beiden Wörter *faste* und *nacht*, was dem Wort *fastelabend* entspreche und nichts anderes meine als *Vorabend der vierzigtägigen Fastenzeit*.[2] Auch das Wort *Karneval*, das von der lateinischen spätmittelalterlichen Zwischenform *carnelevare* (vom lat. *carnislevamen*)[3] abgeleitet wurde und so viel wie *Fleisch wegnehmen* bedeutet, zeigt den Zusammenhang zwischen Fasnacht und Fastenzeit recht offensichtlich.

Neben *vastnaht* findet sich auch das ohne -t- geschriebene *vasnaht*, welches schon im frühesten schriftlichen Beleg um 1200, in Wolfram von Eschenbachs «*Parzival*» zu finden ist:

«diu küneginne riche
streit da ritterliche,
bi Gawan si werliche schein,
daz diu koufwip ze Tolenstein
an der vasnaht nie baz gestriten:
wan si tuontz von gampelsiten
unde müent an not ir lip.»[4]

(«Die mächtige Königin kämpfte an Gawans Seite wehrhaft wie ein Ritter; die Krämerinnen aus Dollnstein haben zur Fastnachtszeit nicht kräftiger um sich geschlagen. Sie tun es allerdings nur aus Lust am Possenspiel und strengen sich ohne Not an.»)

Irritiert durch das fehlende -t- zweifelten viele Forscher an der naheliegenden Erklärung, dass mit diesem Begriff einfach nur der Abend vor der Fastenzeit beschrieben werden sollte, was jedoch beim französischen Gegenstück *veille du carême* (Vortag/-abend der Fastenzeit) recht deutlich ist, und führten *vasnaht* auf das mittelhochdeutsche *vaseln* zurück, was soviel wie *irr reden*, aber auch *gedeihen* oder *fruchtbar sein* meint und die Fasnacht dadurch in Zusammenhang mit altgermanischen Fruchtbarkeitsriten brachte.[5] In Grimms Wörterbuch werden wir jedoch darauf hingewiesen, dass zum Beispiel auch in den Wörtern Kunst, Gunst und Frist das -t- hinter dem -s- wegfällt und somit nur noch *kuns*, *guns* und *fris* übrigbleiben und es sich um nichts weiter als eine «Abstumpfung» des Wortes handelt.[6]

Einen weiteren Ansatz bietet die Schreibweise *Fassnacht*, welche ein Zürcher Pfarrer 1601 als willkommenen Anlass nahm, die Fasnacht in drei Predigten «*Wider die Fassnacht*» zu verdammen:

Abb. 2 Nürnberger Fasnachtsszene (16. Jh.). Tanz der Metzger.

«Unser Tütsch wörtli heisst Fassnacht, wie es dann in den Kalender gestellt wirt. Waz aber hierdurch werde verstanden, kann ich nit wol wüssen. Ob es möchte genennt werden faselnacht, darum dass der unverschämmte fasel dann sein spil hat: oder Fassnacht, dass man uff die nacht die fass grüsst und dem Baccho zu ehren gwaltig schluckt: oder Fassnacht darumb, dass jren etlich uff die nacht vil spyss und tranck fassend, und dass sy dester mehr gfassen mögind, mit hin und wider lauffen sich als ein laubsack eynhotterend etc. oder Fastnacht darumb, dass grad druf die viertzig tägig fasten angaht.»[7]

(«Unser deutsches Wörtlein heisst *Fassnacht*, wie es so auch im Kalender steht. Was damit aber ausgesagt werden soll, kann ich nicht recht sagen. Ob es *Faselnacht* genannt werden soll, weil der unverschämte *Fasel* dann seinen Auftritt hat: oder *Fassnacht*, da man in dieser Nacht das Fass grüsst und Bacchus zu Ehren gewaltig trinkt: oder *Fassnacht* darum, weil viele zu dieser Nacht reichlich Speis und Trank *fassen* und, damit sie mehr essen können, herumrennen, um sich dann wie einen Laubsack vollzustopfen, oder Fastnacht darum, weil gerade darauf die 40tägige Fastenzeit beginnt.»)

In diesem kurzen Zitat finden wir gleich vier Erklärungsansätze, von welchen wir zwei schon oben betrachtet haben, und zwei verschiedene Schreibweisen, nämlich *Fassnacht* und *Fastnacht*. Der unbekannte Zürcher Pfarrer nennt hier die weitere Möglichkeit, dass man mit dem Begriff auch *vil spyss und tranck fassen(d)* gemeint haben könnte, was auf das ausschweifende Essen und Trinken vor der Fastenzeit hinweist und somit, wenn auch ein wenig indirekter, wieder auf die Erklärung im Zusammenhang mit der Fastenzeit zurückkommt.

Auch der Versuch, die Fasnacht in bezug zum Fass, also zum Trinken, zu bringen, spannt schlussendlich wieder den Bogen zur Vorfastenzeit, wo man nochmals ausgiebig dem Essen und dem Genuss alkoholischer Getränke frönte, die – mit der Ausnahme von Wein – in der Fastenzeit verboten waren. Ausserdem gab es in diesem Zusammenhang auch die Erklärung, da das (Wein-)Fass ein Attribut des römischen Weingottes Bacchus war, könne man den Festtermin Fasnacht auf die römischen Bacchanalien zurückführen, worauf wir später noch zurückkommen werden.

Eine Auflistung der verschiedenen Schreibweisen von Fasnacht zwischen 1418 und 1766, die in den Quellen auftauchen, macht klar, dass die Form des Wortes keine grosse Rolle gespielt haben dürfte. Wir finden insgesamt 18 verschiedene Schreibweisen des Wortes in den verwendeten Quellen, und es gibt sogar Fälle, wo zwei verschiedene Schreibweisen im gleichen Text auftauchen.[8] Aber trotzdem entstanden Fehlinterpretationen und Theorien bei der Auslegung des Wortes, die sich über Jahrzehnte hinweg hielten und so zu einem falschen Bild des Fasnachtsfestes führten. Am Beginn der sogenannten Kontinuitätstheorie stand die Herleitung der *Fasnacht* ohne -t- vom Begriff *vaseln*, der, wie wir oben gesehen haben, soviel wie *irr reden*, aber auch *gedeihen/fruchtbar sein* bedeutet. Mit dieser Theorie verbanden sich am Anfang hauptsächlich die beiden Namen Otto Höfler und Robert Stumpfl. 1934 hatte Höfler seine These publiziert, dass die Riten kultischer Männerbünde der Germanen in der Fasnacht weiterlebten. Und Stumpfl fügte im selben Jahr noch seine Idee von der Existenz phallischer Kulte bei den Germanen hinzu.[9] So wurde der Festtermin Fasnacht zu einer Feier der heidnischen Winteraustreibungs- und Fruchtbarkeitskulte stilisiert, wodurch man zeigen wollte, dass die Kontinuität des germanischen Heidentums bis in die Gegenwart anhielt.[10] Es ist nicht verwunderlich, dass diese Thesen zur Zeit des Nationalsozialismus entwickelt wurden, wo das Urdeutsche grossgeschrieben wurde und die Interpretation der Fasnacht als Fest des *alte[n] vorchristlichen, germanischen Dämonenglaubens»*[11] nur zu gelegen kam, um das Deutschtum weiter zu stützen. Noch vor dem 11. November 1933 wurde von der Regierungspartei NSDAP (Nationalsozialistische Deutsche Arbeiterpartei) die Weisung ausgegeben, *«dass die innere Beziehung des Festes zum kirchlich-christlichen ‹fastabend› zu negieren und zu verwischen sei, dafür aber der Zusammenhang mit der alten dämonischen ‹vasenacht› um so stärker herausgestellt werden sollte»*.[12] Heute gilt diese Kontinuitätstheorie unter den Wissenschaftern als überholt; aber unter den Laien hält sich die Meinung hartnäckig, dass es sich bei der Fasnacht um einen Winteraustreibungs- oder, seltener, um einen Fruchtbarkeitskult handle.

Die ersten wissenschaftlichen Forschungen auf dem Gebiet der Fasnacht begannen in der Schweiz Ende des 19. Jahrhunderts, als der Basler Germanist und Volkskundler Eduard Hoffmann-Krayer 1897 die Abhandlung *«Die Fastnachtsgebräuche in der Schweiz»* verfasste, worin er noch deutlichen Abstand zu mythologischen Ursprungsannahmen hielt. In späteren Forschungen tendierte Hoffmann-Krayer jedoch immer mehr zu mythologischen Interpretationen.[13] In seinem 1940 erschienenen Buch *«Feste und Bräuche des Schweizervolkes»* definierte Hoffmann-Krayer die Fasnacht als Erbe der *«uralte[n] Versuche der Menschen […] Segen und Fruchtbarkeit des beginnenden Jahres zu sichern und zu mehren»* und führt das auf die verschiedenen Elemente, aus welchen die Fasnacht besteht, zurück: Maskenlaufen, Tanz, Lärmumzüge, Spiele, Festmähler und Feuer. Im weiteren bemerkt der Basler Forscher, dass nicht mit Bestimmtheit gesagt werden könne, ob die einzelnen Züge auf altheidnische, römische oder christlich-kirchliche Handlungen und Anschauungen zurückzuführen seien. Fast beiläufig erwähnt Hoffmann-Krayer die Meinung der Kirche, welche die Fasnacht als *«eine Art Austoben vor der langen Fastenzeit»* deutete.[14]

Der Basler Altphilologe und Volkskundler Karl Meuli prägte seit den 30er Jahren des letzten Jahrhunderts die Schweizer Fasnachtsforschung mit seinen diversen Beiträgen, hauptsächlich zu den Maskenbräuchen. Er hielt es für *«wahrscheinlich, dass die Fastnachtsbräuche in ihrem Kern in indogermanisches Altertum zurückgehen»* und die Masken ursprünglich Geister, genauer Geister der verstorbenen Ahnen, dargestellt hätten.[15] Bei der Fasnacht handelte es sich nach Meuli um eine Sonderform des Besuchsfestes der toten Ahnen, ein Neujahrsfest, das in den vergleichenden Religionswissenschaften und der Ethnologie von zentraler Bedeutung ist. Bei diesem Fest kehren die Geister der toten Ahnen für kurze Zeit in die Welt der Lebenden zurück, um über die von ihnen gesetzten Ordnungen zu wachen und begangenes

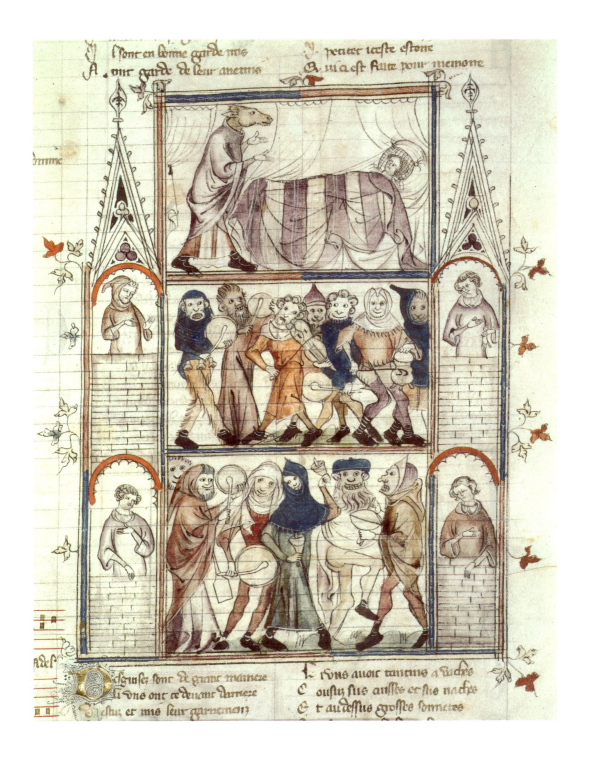

Abb. 3 Fasnächtlich maskierte Musikanten, Miniatur aus einer französischen Handschrift (14. Jh.). Ähnliche Verkleidungen sind auch für die Fasnacht in Basel anzunehmen.

Unrecht zu rächen. Mit Opfermahlzeiten versuchte man die Geister milde zu stimmen und zu versöhnen. Das Ganze entspricht einer Entsühnungs- und Reinigungszeremonie, wie sie auch die Römer am Ende ihres Jahres, im Monat *Februarius*, was, abgeleitet von *februum, Reinigungs-/Sühnemittel* bedeutet, feierten. Meuli meinte, dass der äussere Rahmen des ursprünglichen Totenfestes bestehen geblieben sei, die Fasnacht jedoch zu einem weltlichen Fest geworden war, da die Ahnenverehrung keine Rolle mehr spielte.[16]

Der Zürcher Volkskundler Richard Weiss ging mit seinen Theorien in dieselbe Richtung wie Karl Meuli. Auch er betrachtete die Maskierten als Totendämonen.[17]

In den fünfziger Jahren des 20. Jahrhunderts bekam die neuere Fasnachtsforschung frische Impulse durch Hans Moser, der mit seinen Archivforschungen neue Erkenntnisse erlangte. Anhand von Quellenmaterial stellte er zum Beispiel fest, dass erst für das 15. Jahrhundert der Gebrauch von Masken an der Fasnacht nachgewiesen werden konnte.[18] Durch diese Erkenntnis wurde die Theorie von Karl Meuli obsolet. Da Meuli von einer kontinuierlichen Entwicklung des Maskenbrauches seit der indogermanischen Zeit ausging, was, wie Hans Moser zeigte, nicht bestätigt werden konnte, muss die mythologische These zur Herkunft der Fasnacht stark bezweifelt werden.

Hans Moser geht bei seinen Forschungen davon aus, dass der Ursprung der fasnächtlichen Entwicklung im gemeinschaftlichen Mahl nach abgeschlossenen wirtschaftlichen, verwaltungstechnischen und rechtlichen Geschäften liegt. Diese Fasnachtsmähler bekamen ihre karnevalistischen Züge zuerst dort, wo sich ein Tanz an das Mahl anschloss.[19] Er geht also davon aus, dass es sich bei der Fasnacht um ein weltliches Fest handelte.[20]

Einen völlig neuen Aspekt brachte Dietz-Rüdiger Moser in die Fasnachtsforschung ein. Er vertrat die Meinung, dass die Fasnacht ein Instrument der kirchlichen Heilslehre sei und alle darin enthaltenen Brauchformen auf theologisch vorgegebene Bilder, Symbole und Werthaltungen zurückgeführt werden können. Er war sich sicher, dass das Zweistaatenmodell des Kirchenvaters Aurelius Augustinus (354–430) die Vorlage für die Fasnacht bildete. Der Grundgedanke dieses Modells ist die Existenz zweier Reiche: der *civitas Dei* (Gemeinde Gottes/himmlisches Reich) und der *civitas diaboli* (Gemeinde Satans/irdisches Reich). Durch die Gleichsetzung der zwei Welten der Fastenzeit und der Fasnacht mit diesen beiden Reichen sollte die Bevölkerung zur moralischen Umkehr gebracht werden, indem man ihr für eine kurze Zeit die lasterhafte Welt bildlich vor Augen führte.[21] Die Fasnacht ist somit eine christliche Institution, die jedoch «*inhaltlich das gerade Gegenteil dessen darbietet, was als christlich und katholisch betrachtet werden kann; daraus auf die Nichtchristlichkeit des Festes zu schliessen, würde allerdings ein fundamentales Missverständnis bedeuten*», wie D.-R. Moser meint.[22]

Paul Koelner ist, wie später auch Werner Mezger, der Meinung, dass verschiedene Einflüsse die Entwicklung der Fasnacht geprägt haben. Koelner sieht die

Abb. 4 Diverse Wappenhalter, unter anderem Wildleute, aus der Wurstisen Chronik.

Fasnacht[23] als «*Endglied einer um ein Halbdutzend Jahrhundertläufe zurückreichenden Entwicklung, in welcher altheidnische Frühlingsgebräuche, germanisches und romanisches Wesen sich vermengten, religiösen Vorstellungen sich weltliche Fröhlichkeit zugesellte, alles gedrängt und gesteigert im Hinblick auf die bevorstehenden langen Fasten*».[24] Mezger bestätigt, dass man nicht bestreite, dass «*in dem Brauchtermin Fastnacht durchaus gewisse […] Elemente älterer Feste enthalten sein können; im Gegenteil, dies liegt sogar nahe*», dass es aber falsch für die Wissenschaft sei, eine Kontinuitätsprämisse für die Entwicklung von irgendwelchen vorchristlichen Kulten bis zu unserer Fasnacht vorauszusetzen. Er meint weiter, dass es jedoch mehr Sinn mache, die Fasnacht christlich zu deuten, da sie im Ablauf des Kirchenjahres ihren festen Platz habe.[25] Diese Theorie gilt heute als allgemein unbestritten und wurde von Hellmut Rosenfeld 1969 so zusammengefasst: Fasnacht ist kein «*vorchristliches Frühlingsfest*», sondern ein «*auf der ganzen Linie […] aus dem christlichen Jahresrhythmus neu erwachsenes Brauchtum*».[26]

Auch Hermann Bausinger verlangt nach einer «komplexere[n] Fastnachtstheorie», worin nicht nur die «*theologiegeschichtliche[n] Überlegungen*» von D.-R. Moser, mit dessen monokausalem Ansatz Bausinger nicht einverstanden war[27], einen Platz finden sollen, sondern auch «*die differenzierenden Beobachtungen und Hypothesen anderer Fastnachtsforscher*».[28]

Das Schwergewicht der heutigen Forschung beruht nicht mehr darauf, festzustellen, ob es sich bei der Fasnacht tatsächlich um einen christlichen Termin handelt, denn darüber sind sich die Forscher im grossen und ganzen einig, sondern inwiefern auch der Inhalt der Fasnacht als christlich gesehen werden kann.

Fragestellung und Überblick über die verwendeten Quellen

Wie weit die Basler Fasnacht als Festtermin in der Geschichte zurückreicht, ist schwer zu sagen, jedoch taucht sie als Rechtstermin schon im Lauf des 13. Jahrhunderts in den Basler Urkundenbüchern auf. 1376 finden wir die Basler Fasnacht dann auch erstmals als Festtermin in den Quellen erwähnt. Unsere Untersuchung der Basler Fasnacht vor der Reformation wird sich somit also auf die Zeit zwischen 1376 und 1529 konzentrieren.

Das Ziel der vorliegenden Arbeit ist es, ein umfassendes und möglichst akurates Bild der Basler Fasnacht vor der Reformation wiederzugeben und durch Vergleiche mit der Zeit nach der Reformation bis Anfang des 17. Jahrhunderts zu untersuchen, ob und inwiefern die Fasnacht vor der Reformation etwas Besonderes darstellte.

Das Erkenntnisinteresse ergibt sich daraus, dass die Reformation die kontinuierliche Entwicklung der Fasnacht beeinträchtigt haben muss, wenn sie sie nicht zeitweise sogar unterbrochen hat, was durchaus vorstellbar wäre.

Der Aufbau der Arbeit wird sich im Folgenden so gestalten, dass wir die einzelnen Bräuche der vorreformatorischen Fasnacht im Detail ansehen werden, um so ein umfassendes Bild dieser Festivität zu erhalten. Gleichzeitig soll dabei immer auch der Vergleich zum Zeitraum nach 1529 gemacht werden, um etwaige Veränderungen feststellen zu können. In der Zusammenfassung werden wir die Ergebnisse einander gegenüberstellen, um zu sehen, ob sich die Bräuche der vorreformatorischen Fasnacht in Basel grundsätzlich von denen der Zeit nach 1529 unterscheiden.

Der grösste Teil der in dieser Arbeit verwendeten Quellen stammt aus den Rufbüchern der Stadt Basel, worin die obrigkeitlichen Gebote und Verbote der Stadt gesammelt und verzeichnet wurden, und den Ratsbüchern, in welchen die verschiedenen Beschlüsse des Rates protokolliert wurden. Auch Gerichts- und Kirchenakten liefern Informationen zum Fasnachtstreiben in Basel. Beim Hauptteil dieser Quellen handelt es sich um Auszüge aus den Originalen, die im Archiv der Schweizerischen Gesellschaft für Volkskunde zur Verfügung stehen.

In Chroniken stösst man nur da auf Informationen zur Fasnacht, wo das Ereignis von grösserer Bedeutung war, wie zum Beispiel bei der *Bösen Fasnacht* von 1376, auf die wir im weiteren noch zurückkommen werden. Die Urkundenbücher der Stadt Basel helfen nur dort weiter, wo es um den Termin und nicht die Erscheinungsform der Fasnacht geht.

Ursprung und Entstehung der Fasnacht

Der Ursprung des Festtermins Fasnacht ist definitiv im Zusammenhang mit der Fastenzeit zu sehen, was, wie wir bereits gesehen haben, auch schon die Etymologie des Begriffs Fasnacht zeigt. Die Fasnacht mit all den verschiedenen Bräuchen entstand im Zusammenhang mit religiösen und wirtschaftlichen Faktoren der Fastenzeit und entwickelte sich kontinuierlich weiter, wobei auch Einflüsse älteren Ursprungs eine sehr grosse Rolle spielten, wie wir noch sehen werden. Lebensmittel wie Fleisch, Eier, Milchprodukte und tierische Fette durften in der Fastenzeit nicht gegessen werden, und dadurch verlangte es die Ökonomie des Haushaltes, dass derartige Vorräte vor der Fastenzeit aufgebraucht werden mussten.[29] Daraus entstanden üppige Mähler, wenn man nicht gar Fress- und Saufgelage dazu sagen will. Nach Moser bildeten gemeinschaftliche Festgelage von jeher die einfachste Form, Feste zu feiern, und wo man dann nach dem Essen auch noch zum Tanz aufspielte, konnten sich die ersten karnevalistischen Formen entwickeln.[30]

Die eigentliche Entwicklung der Fasnacht in den Alpenländern und des damit verbundenen Brauchtums begann im 14. und 15. Jahrhundert in den Städten und breitete sich von dort auf die Landschaften aus.[31] Bis gegen Ende des 14. Jahr-

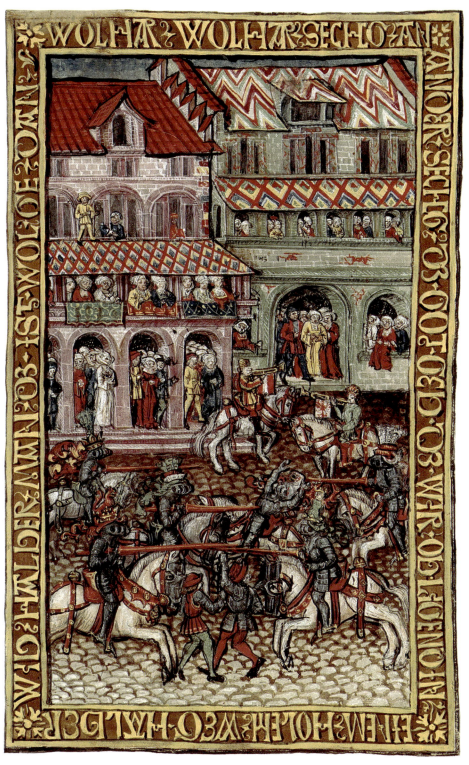

Abb. 5 Zur Fasnachtszeit abgehaltenes Turnier am Lehenhof der Habsburger zu Zofingen 1361.

Abb. 6 Bauerntanz. Detail vom Holbeinbrunnen in der Spalenvorstadt (16. Jh.).

hunderts war die Fasnacht nichts weiter als ein gemeinsames Gelage, häufig mit Tänzen, Turnieren oder Wettspielen, das *«den Charakter eines absolut unschuldigen Vergnügens ohne jegliche negativen Implikationen»* besass.[32] Im 15. Jahrhundert setzte dann ein tiefgreifender Wandel in der Einstellung der Kirche zur Fasnacht ein. Die Fasnachtsfeier wurde von da an nicht mehr als isoliertes Geschehnis gesehen, sondern nur noch als Gegenstück zur Fastenzeit. Dadurch wurde die Fasnacht *«als abschreckendes Beispiel für ein falsches, sündhaftes und gottfernes Dasein»* im Gegensatz zur gottgefälligen Fastenzeit gesetzt.[33] Durch den Einstellungswandel der Kirche wandelte sich auch der Inhalt der Fasnacht. Sie entwickelte sich von der *«ursprünglich unschuldig-naive[n] Vordergründigkeit»* zu einem Fest mit *«mehr und mehr hintersinnig-zeichenhafte[m] Charakter»*[34], der sich natürlich auch im Brauchtum niederschlug.

Die ersten urkundlichen Hinweise zur Fasnacht finden wir immer im Zusammenhang mit Zinszahlungen in irgendeiner Form, die an diesem Datum beglichen werden mussten. Der Aspekt des Rechtstermins ist daher auch als eigentlicher Ausgangspunkt für die Entstehung der Fasnacht als Festtermin zu sehen. Neben herrschaftlichen Zinsleistungen und Fronverpflichtungen waren auch Bestätigungen von Vogteien und anderen Schutzverhältnissen, ferner amtliche Jahresabrechnungen und in den Städten Ratsablösungen Rechtsakte, die an diesem Termin erledigt wurden und meistens mit Gelagen verbunden waren.[35] Die erste Erwähnung der Fasnacht finden wir als Rechtstermin schon 1237! Es geht in dieser Urkunde um Zinszahlungen für einen zu Erbrecht verliehenen Hof, welche an St. Martin und Fasnacht «in festo beati Martini et carnisprivio»[36] fällig waren. Ausgehend von der These, dass mit Fasnacht der Abend vor der Fastenzeit gemeint ist und gestützt auf die Übersetzung von *carnisprivium*, was soviel bedeutet wie *Vorfastenzeit*, scheint bewiesen zu sein, dass es schon 1237 den Rechtstermin Fasnacht gab!

Doch kommen wir zurück auf die Zinsablieferungen, z.B. in Form von Fasnachtshühnern, so 1285: «un git man den zins zi vier zitin imme jare zielichir vronvastun[37] un das huen an der vasinat» («und man zahlt den Zins zu vier Zeiten des Jahres; das Huhn an der Fasnacht»)[38], oder 1291: «un umbe sehs hu(e)nr, dru ze sant Martins mes un dru ze vasinaht» («und sechs Hühner; drei an St. Martin und drei an der Fasnacht»).[39] Diese Fasnachtshühner begegnen uns auch später wieder, dann aber als reine Fasnachtsspeise in den Zünften und nicht mehr in ihrem Ursprungssinn als Zinsabgabe.[40] Die Fasnacht bzw. der Termin vor der Fastenzeit war auf dem rechtlich-wirtschaftlichen Terrain ein wichtiges Datum, wie auch die folgende Basler Quelle von 1300 nochmals belegt: «so er geben sol den cins, zwolf schillinge unt acht ringe, die vallent der zins ze sant Martins mes unt vier ringe ze vasenacht» («so soll er den fälligen Zins von zwölf Schillingen und vier Ringbroten an St. Martin und vier Ringbrote an der Fasnacht zahlen»).[41] Es war der Brauch, wie Moser schreibt, dass *jeder Abschluss einer periodisch wiederkehrenden Ratshandlung mit einem gemeinsamen Mahl gefeiert wurde*, und *so war das auch in der Fasnacht*. Und wie schon erwähnt wuchsen diesem *in gewissem Sinn rechtsbräuchlich fundierten Fasnachtsmahl [...] dann karnevalistische Züge zuerst dort zu, wo sich ihm ein Tanz anschloss*.[42]

Im Zusammenhang mit dem Rechtstermin sei an dieser Stelle ein kleiner Exkurs über die Fasnacht als Hochzeitstermin erlaubt. Bekannt und beliebt war die Fasnacht für Hochzeiten aus verschiedenen Gründen. Da in der Fastenzeit die Geschäfte ruhten, mussten auch Hochzeiten vor dem Beginn dieser Zeit abgeschlossen werden, da es sich dabei, im weitesten Sinne, auch um ein Geschäft bzw. einen Rechtsakt handelte.[43] Der zweite Grund für den Hochzeitstermin an der Fasnacht ergab sich vermutlich daraus, dass sich die Bevölkerung den Trubel dieser Zeit auch für ihre privaten Feste zunutze machen wollte, um ausgiebiger und ausschweifender als zu anderen Zeiten feiern zu können und ausserdem ökonomische Vorteile daraus zu ziehen.[44] Ein weiterer, sehr wichtiger Grund war auch die Tatsache, dass die Kirche neben der Abstinenz beim Essen und Trinken auch sexuelle Enthaltsamkeit in der Fastenzeit verlangte und es sich deshalb *«für junge Paare förmlich [aufdrängte], ihre Hochzeit noch unmittelbar vor dem Aschermittwoch abzuhalten und den für die Zeugung der Nachkommenschaft unvermeidlichen Geschlechtsakt in eine Zeit zu legen, die ohnehin von exzessiven irdischen Genüssen gekennzeichnet war»*.[45] Dass der Heiratstermin an der Fasnacht schon früh eine Selbstverständlichkeit war, zeigt die folgende

Quelle aus Basel von 1411: «Uff die zyte vor der vasenacht, als man gewonlichen zů der heiligen e griffet» («In der Zeit vor der Fasnacht, als man gewöhnlich heiratete»).[46] Es gab jedoch auch noch andere beliebte Hochzeitstermine wie Pfingsten oder auf dem Land die Zeit nach der Ernte, den Winteranfang, was damit zusammenhing, dass der Bauer dann Zeit zum Heiraten hatte.[47]

Formales und Termine der Fasnacht

Da es sich bei der Fasnacht um ein Kalenderfest handelte, das der vorösterlichen Fastenzeit vorausging, war auch dieser Termin von Ostern abhängig. Auf dem Konzil von Nicäa im Jahre 325 wurde Ostern auf den ersten Sonntag nach dem Frühlingsvollmond festgelegt. Durch die Beweglichkeit des Osterzyklus[48] gibt es 35 verschiedene Termine für die Fasnacht, welche durch das einfache Zurückrechnen der vierzigtägigen Fastenzeit vor Ostern ermittelt wird. Hierbei gibt es jedoch auch zwei verschiedene Zählweisen. Bei der alten Rechnungsart, bis 1091, fiel der Beginn der Fastenzeit auf den Dienstag nach Invocavit[49], den sechsten Sonntag vor Ostern, und die Fasnacht demnach auf den Vorabend bzw. Vortag, den sogenannten Hirsmontag, und die Tage davor. Auf dem Konzil von Benevent im Jahre 1091 wurde auf Beschluss von Papst Gregor dem Grossen der Beginn der Fastenzeit auf den Aschermittwoch, also den Mittwoch vor Invocavit, festgelegt. Der Grund für den sechs Tage früheren Termin lag darin, dass man die Sonntage in der Fastenzeit nicht mehr mitzählte, da sie nach kirchlicher Lehrmeinung vom Fastengebot befreit waren. Durch diese Vorverlegung der Fasnacht entstanden auch die Begriffe der *alten* und *neuen*, oder *jungen*, *Fasnacht* bzw. *Bauernfasnacht* und *Herrenfasnacht*.[50] Vor allem in der Region des Oberrheins, im Badischen und in Basel, setzte sich der neue Termin aber nicht durch, und man feierte weiterhin am alten Termin.[51] Deshalb feiert Basel seine Fasnacht auch heute noch, wenn in katholischen Gebieten die Fastenzeit längst begonnen hat.

    Nach der Reformation fand die Fasnacht in Basel weiterhin statt, obwohl der von der Fastenzeit abhängige Termin nach der Reformierung der Stadt eigentlich gar nicht mehr hätte sein dürfen. 1546 erschien dann das erste generelle Fasnachtsverbot für die Stadt Basel[52], das sich offensichtlich aber nicht durchsetzen liess, da die Fasnacht bis heute ihren Platz im Basler Festbrauchtum einnimmt.

Wie wir oben erfahren haben, war die Fasnacht zu Anfang wohl nichts weiter als ein Rechtstermin vor der Fastenzeit, an welchem Zinszahlungen, zum Beispiel in Form von Fasnachtshühnern, fällig waren. Mit der Zeit steigerte sich das Ganze zu einem ausschweifenden Fest im Jahreslauf mit den verschiedensten Brauchtumselementen. Es ist sehr wichtig, zwischen dem Rahmen, also dem Termin der Fasnacht, und dem Inhalt der Fasnacht zu unterscheiden! Das Brauchtum, welches für die Fasnacht des Mittelalters bezeugt ist, gehörte nicht spezifisch nur zu diesem Termin, sondern zog sich mehr oder weniger durch das ganze Winterhalbjahr.

Abb. 7 Musizierender Narr in Narrenkappe mit Eselsohren.

Abb. 8 Fasnachtsmaske in Ziegenbockverkleidung (16. Jh.).

Maskenbräuche

Das Auftreten von Masken geht weit zurück und stand früher wohl nicht im Zusammenhang mit festen Tagen. Schon die Goten zum Beispiel führten um Neujahr herum, in Pelz und Masken vermummt, Lärm- und Heischezüge durch. Maskentreiben fand die ganze Winterzeit hindurch statt, also etwa von Winteranfang bis zum Frühling, was auch dazu führte, dass man im Mittelalter in Basel zu verschiedenen Zeiten immer wieder auf Vermummte traf, und dies nicht nur zur Fasnachtszeit, wie das heute der Fall ist. Die Hauptzeiten für Masken kann man aber um den kürzesten Tag (21. Dezember) herum festlegen, da man von alters her glaubte, dass um diese Zeit die Seelenwesen oder Totengeister ihre Schwarmzeiten hatten. Die Verhaltensweisen, die die meisten Masken im Mittelalter zeigten, setzten sich aus drei Punkten zusammen: dem Heischen, dem Rügen und dem Spenden. Es sind genau diese spezifischen Tätigkeiten, die auch die Seelenwesen auszeichnen, was im Kontext mit dem Auftreten der Maske zu den spezifischen Zeiten dieser Wesen beweist, dass hier deren mimische Darstellung vorliegt.[53]

Doch kommen wir nun zu den Masken der mittelalterlichen Fasnacht in Basel. Für das Verkleiden und Verlarven gab es allgemeine Ausdrücke wie: in «**verenderten kleydern**» («veränderte Kleider»)[54], «**inn Butzen wysz gon**» («in Butzenweise herumgehen»)[55], «**sich verbutzen**» («sich verkleiden»)[56], «**jrr Angesicht Mit Böggen/Butzen Antligeren […] nit verstellen noch verbutzen**» («ihr Gesicht nicht mit Böcken-/Butzenantlitzen verändern oder verkleiden»)[57], «**inn einer Mummery vmbzogen**» («in einer Verkleidung herumgezogen»)[58], wobei die Schreibweise variieren konnte. Mit diesen Begriffen waren keine Maskentypen im einzelnen gemeint, sondern einfach nur eine Verkleidung an sich, ohne nähere Definition. Wir finden aber auch spezifischere Bezeichnungen in den Quellen, so zum Beispiel 1418, wo das «in Bökenwise gon/louffen» («in Bocksweise herumgehen/laufen»)[59], 1420 «in tüfelß wise louffen» («in Teufelsweise herumlaufen»)[60], oder 1436 «in tüfelß hütten» («in Teufelshäuten»)[61] umherzulaufen verboten wird. Die Kostümierung als Teufel finden wir in den überlieferten Quellen nur vor der Reformation, was nicht unbedingt heissen muss, dass es dieses Kostüm später nicht mehr gab. Entweder war diese Verkleidung nur einfach zum selbstverständlichen Fasnachtskostüm geworden, so dass es nicht mehr nötig war, es in den Dokumenten besonders zu erwähnen, oder die wiederholten Verbote hatten endlich ihre Wirkung gezeigt und dem *«tüfelß hütten»*-Tragen ein Ende gemacht.

Der Ausdruck *«in Bökenwise»* oder *«in Bocken wise»* taucht in den Quellen regelmässig auf, was darauf schliessen lässt, dass es sich dabei um eine gängige Ver-

Abb. 9 Wirkteppich mit Edelleuten und Wildleuten auf der Falkenjagd, Basel 15. Jh.
Schön zu erkennen sind die zum grossen Teil von Pelz bedeckten Körper der Wildleute.

kleidung gehandelt haben muss. Wenn wir uns über das *«Idiotikon»* dem Ausdruck nähern, stellen wir fest, dass damit ein Ziegenbock gemeint war: *«Bock»*, bzw. *«Bogg»*, Pl. *«Böck»*.[62] Dies macht durchaus Sinn, denn Tiermasken spielten bei Maskentreiben schon immer eine Rolle.[63] Wie man weiss, wurde der Teufel in Bildquellen oft mit den Hörnern und dem Bart eines Ziegenbocks dargestellt, was sich aus der mittelalterlichen Theorie der Tierallegorien ergab. Der Ziegenbock wurde dabei mit Unkeuschheit, Geilheit in Verbindung gebracht, einer Eigenschaft, welche sich auch auf den Teufel übertragen lässt.[64] Also könnte *«in Bökenwise»* wohl eine Teufelsmaske meinen, die vielleicht ursprünglich aus einer reinen Bocksmaske entstanden war.

Nach Mezger waren die fasnächtlichen Masken und Verkleidungen in ihrem Frühstadium noch ziemlich uneinheitlich, was sich aber seit spätestens 1450 änderte, als eine immer klarer umrissene Figurenpalette das Bild prägte. Dabei können gewisse Grundtypen ausgemacht werden, die sich über weite geographische Räume hinweg ähnelten, obwohl es natürlich lokale Varianten gab.[65] Zu diesen Basistypen gehören neben dem Teufel auch die Wildleute, in denen nach christlicher Auffassung der Teufel symbolisch zum Ausdruck kam und die in diesem Sinne mit dem Teufel gleichgesetzt werden konnten. Wildleute wurden einerseits als mythologische Dämonenge-

stalten, andererseits als dämonenvertreibende Wesen angesehen, die leicht an ihren verschiedenen Merkmalen erkannt werden konnten. Ihr menschlicher Körper war von einem zottigen Pelz bedeckt, welcher nur Gesicht, Hände, Füsse und manchmal Ellbogen und Knie frei liess. Wildfrauen zeichneten sich ausserdem durch nackte Brüste aus. Meistens trugen die Wildleute oder rauhen Leute, wie sie auch genannt wurden, einen Stock oder Knüppel bei sich, der, wie wir es vom *Wilde Ma* der Gesellschaft zum Hären kennen, auch in einem ausgerissenen Tännchen mit Wurzeln bestehen konnte. Da der Körper eines Wildmannes nur unzureichend von Behaarung bedeckt wurde, waren seine Lenden auch meistens von einem Laubkranz umgürtet.[66]

Der Wilde Mann bzw. die Wildleute gehörten im Mittelalter zu den am weitesten verbreiteten Maskengestalten. Dies verwundert weiter nicht, wenn man bedenkt, dass diese sagenhaften Wald- und Bergbewohner im damaligen Leben überall präsent waren. Man findet ihr Bildnis seit dem 13. Jahrhundert an Fassaden, in Buchillustrationen, auf Wandteppichen und auf Wirtshausschildern.[67] Der Auftritt des Wilden Mannes war weder in Basel noch an anderen Orten an die Fasnacht gebunden. Aus dem Jahr 1435 ist ein Bericht über einen Wildmannentanz überliefert, der am 6. Januar (Epiphanie), also am letzten Tag der Zwölf Nächte, stattfand. Die Hauptfestivität dieses Tages bestand eigentlich in einem Turnier, das von den Spaniern, die anlässlich des Konzils in der Stadt weilten, ausgerichtet worden war. Nach dem Turnier begab man sich mit den Damen zu einem Abendessen mit anschliessendem Tanz. Zur Belustigung der Gäste wurde dann der erwähnte Wildmanntanz aufgeführt.[68]

Im 15. Jahrhundert wurde in Basel eine Ofenkachel hergestellt, worauf drei verkleidete Gestalten, die auf Blasinstrumenten spielen, zu erkennen sind.[69] Aus der Darstellung geht eindeutig hervor, dass der ganze Körper der mittleren der drei Figuren von einem zottigen Tierfell bedeckt ist. Die Füsse hingegen sind nackt oder als tatzenartige Pfoten ausgebildet, was, wie Bildbelege zeigen, beides möglich wäre.[70] Es ist nicht eindeutig zu erkennen, ob diese Gestalt auf der Ofenkachel eine Maske trägt, obwohl die fratzenähnlichen Züge eher diesen Eindruck erwecken. Ob es sich bei dieser Darstellung um eine fasnächtliche Szene handelt, ist nicht mit Sicherheit zu sagen, doch durchaus wahrscheinlich.

Abb. 10   Fasnächtlich vermummte Wildleute suchen eine Gesellschaft heim und geraten wegen einer Fackel in Brand.

Abb. 11 Grün glasierte Ofenkachel mit fasnächtlich anmutenden Figuren (Basel, Mitte 15. Jh.). Es handelt sich um die früheste bekannte Bilddarstellung fasnächtlicher Maskengestalten aus dem Basler Raum.

Der Ausdruck *«in Göler wise»* kommt in den Quellen, und auch dann nur in denen vor der Reformation, immer im Zusammenhang mit anderen Ausdrücken des Verkleidens vor: «dz niemand jn Böcken wise noch in Göler wise oder in tüfels hüten louffen sölle noch sich verendere jn dhein wise noch wege mit den kleidern» («dass niemand in Bocks- oder Narrenweise, oder in Teufelshäuten, herumlaufen oder sich in einer anderen Weise verkleiden soll»)[71], «daz niemand in tüfelß hütten noch in gölers wise louffen solle noch in Böcken wise gan oder sich jn dehein andere wise mit kleideren verenderen» («dass niemand in Teufelshäuten, in Narren- oder Bocksweise herumgehen oder sich in einer anderen Weise verkleiden soll»)[72], «dz nyemand weder tages noch nachtes in Bocken wise in Goler oder tufels huten gan oder uber und uber louffen solle» («dass niemand, weder tags noch nachts, in Bocks-

oder Narrenweise oder in Teufelshäuten herumgehen und überall rein- und rauslaufen soll»).⁷³ Deshalb liegt die Schlussfolgerung nahe, dass es sich auch dabei um eine Art der Vermummung gehandelt haben muss. Wenn wir im «*Schweizerischen Idiotikon*» nachschlagen, finden wir unter *Gol/Göl* die Erklärung, dass es sich dabei um einen mutwilligen, närrischen Menschen oder Possentreiber, insbesondere eine erwachsene Person, handelt, die sich bewusst oder unbewusst närrisch gebärdet. Auch das Verb *golen/gölen* führt uns in dieselbe Richtung, denn in Basel beschrieb man damit einen Erwachsenen, der sich einfältig, dumm benahm, gedankenlos herumging oder -stand und mit offenem Mund gaffte.⁷⁴ Diese Beschreibungen ergeben, dass es sich hier tatsächlich um eine Narrenmaske handeln könnte. Daraus dürfen wir jedoch nicht selbstverständlich schliessen, dass in Basel eine spezifische Fasnachtsmaske des Narren existierte, obwohl wir im Jahr 1540 auf eine Quelle stossen, in welcher der Ausdruck *Narr* gebraucht wird: «Hans Hamman von Rotwil ist vnder den handtwercks gsellen/inn Narren wisz harumb gelouffen an der vasznacht/hatt sich also voll gesoffen das er ganzt vngschickt dohar gfaren / mit grüselichem gschrey / jo / also vngeberdig das er eim touben vnsynnigen menschen glicher gesehen dann eim vernünfftigen /…» («Hans Hamman aus Rotweil ist an der Fasnacht in Narrenweise unter den Handwerksgesellen herumgelaufen. Er hat sich in derartiger Weise vollgesoffen, dass er ganz ungeschickt daherkam, mit grässlichem Geschrei und sich so ungebärdig benahm, dass er eher den Eindruck eines geistesgestörten, verrückten Menschen machte als eines normalen …»).⁷⁵ Mit beiden Begriffen, *in Göler wise* und *inn Narren wisz*, könnte wirklich nur ein närrisches bzw. verrücktes Benehmen an sich gemeint gewesen sein. Wenn man sich das Bild eines Narren im mittelalterlichen Verständnis ansieht, entdeckt man, dass mit einem Narr eine geisteskranke, verrückte oder in sonst einer Weise unzurechnungsfähige, ja sogar bösartige und gefährliche Person gemeint war.⁷⁶ Der Ausdruck «*inn Narren wisz*» könnte sich somit also wirklich nur auf das unmögliche Verhalten des Handwerksgesellen, der «*eim touben vnsynnigen menschen glicher gesehen dann eim vernünfftigen*», beziehen. Jedoch gibt es da noch die bereits erwähnte Ofenkachel aus dem 15. Jahrhundert, die eindeutig auch eine Narrenfigur zeigt. Die Gestalt, die rechts von dem schon beschriebenen Wilden Mann steht, hat eine Kopfbedeckung, die mit langen Ohren ausgestattet ist. Die Eselsohrkappe, um die es sich dabei handeln dürfte, ist neben den Schellen das wohl ursprüngliche Narrenkennzeichen.⁷⁷ Das Kostüm der hier erwähnten Figur scheint auch über und über mit Schellen bedeckt, was auf einen Narren schliessen lässt.⁷⁸ Unterhalb der Knie erkennen wir ausserdem ein Band aus Schellen, wie wir sie auch bei den Narren auf einem Holzschnitt von Erhard Schön aus dem 16. Jahrhundert sehen.⁷⁹ Dies alles deutet darauf hin, dass die Narrenfigur in Basel bereits vor der Reformation bekannt war.

Was hier auch noch erwähnt werden sollte, ist der Zusammenhang von Narr und Tod, der auch in vielen bildlichen Darstellungen, vor allem im Totentanz⁸⁰, immer wieder auftaucht. Dass der Tod im Narrenkostüm dargestellt wurde, hing mit der spätmittelalterlichen Narrenidee zusammen. Die Narrheit galt damals als Synonym

Abb. 12   Basler Narr und Fiedlerin.

Abb. 13 Tanzender Narr.

für Gottesleugnertum und Sündhaftigkeit und wurde oft auch mit der Erbsünde gleichgesetzt. Vom Gedanken ausgehend, dass der Tod durch die Erbsünde, sprich die Narrheit des Menschen, in die Welt gekommen war, ergibt sich der Zusammenhang zwischen Narr und Tod.[81]

Eine weitere Maske der mittelalterlichen Fasnacht in Basel war der Meier – «in Meyers oder dergleichen wise verkleydet» («in Meier- oder ähnlicher Weise verkleidet»)[82] –, der sowohl vor wie auch nach der Reformation existierte und bis heute im Waggis fortlebt. Ursprünglich bezeichnete der Begriff einen Beamten, der einem Fronhof vorstand. Mit der Zeit wurde Meier eine allgemeine Bezeichnung vor allem für den Pächter und später für den selbständigen Bauern. Im Spätmittelalter galt der Bauer in Kunst und Literatur als der Inbegriff des Tölpelhaften, Ungehobelten, Animalischen und wurde zur Darstellung grober Sinnlichkeit und unzivilisierten Verhaltens herangezogen.[83] Der Bauer gehörte, wie auch der Narr oder der Teufel, zu den Masken, die man im Mittelalter immer wieder antraf. Wie wir uns die Verkleidung des damaligen Meiers vorzustellen haben, ist nicht klar, doch er musste sicherlich als

Bauer identifizierbar, sprich mit bäuerlichen Merkmalen, ausgestattet gewesen sein. Wie oben schon erwähnt, geht der heutige Waggis auf eben diesen Meier des mittelalterlichen Brauchtums zurück. Den meisten Baslern dürfte heute aber kaum bewusst sein, dass es sich beim Waggis um einen karikierten Sundgauer Bauern handelt, der als Maskenfigur jedoch erst seit dem Ende des 19. Jahrhunderts, seit dem Deutsch-Französischen Krieg, existiert. Doch wie ist es zu erklären, dass man ausgerechnet den Sundgauer Bauern karikierte, wenn doch auch Bauern aus anderen Umgebungen von Basel ihre Waren auf dem Markt an der Rheinstadt feilboten? Wahrscheinlich lag es daran, dass sie sich durch ihre Tracht, weisse Zipfelmütze und weisse Hose, von den anderen abhoben und den Baslern verkleidet vorkamen.[84]

Eine Basler Quelle aus dem Jahr 1526 zeigt deutlich, wie die Obrigkeit versuchte, die Fasnacht im Rahmen zu halten, sie aber doch nicht ganz verbieten wollte: «ob Jemands dise vassnacht jn Meyger oder derglichen wise verkleidet umbgon wolte, das die selbigenn sollichs allein jm tag unnd gar nit by der nacht thuon …» («falls an der kommenden Fasnacht jemand als Meier oder auf ähnliche Weise verkleidet umgehen will, soll er das am Tag und nicht nachts tun …»)[85], obwohl die meisten anderen Verbote häufig auf eine Totalabschaffung der einzelnen Bräuche abzielten. Zusätzlich wird in dieser Quelle aber ausdrücklich verboten, dass man eine Gesichtsmaske trage: «unnd daby jre angesicht, so sy also jm tag umbgond, mit boggen antlitn oder sonnst nit verstellen, noch sich unbekundig machenn sollen.» («und falls sie also am Tag umgehen, sollen sie ihr Gesicht weder mit Böckenantlitzen noch sonst irgendwie unkenntlich machen.»)[86] Die Absicht der Obrigkeit bestand wohl darin, die Gefahr von Verbrechen einzudämmen. Die Hemmschwelle für gewalttätige oder sonstige kriminelle Übergriffe konnte durch die Unkenntlichkeit der Person durch eine Maske drastisch sinken, was die Gefahr für Verbrechen zur Fasnachtszeit natürlich erhöhte.[87] In diesem Zusammenhang stehen unter anderem wohl auch die Verbote des Waffentragens an der Fasnacht: «Lieben herren und gůten frůnd Unser herren Rat und meister thůnd üch sagen und gepieten dz hinfür nyemand […] mit schwertern lang – messern und tegen […] uff der gassen gange …» («Liebe Herren und gute Freunde! Unser Herren Rat und Meister gebieten, dass von jetzt an niemand mehr […] mit langen Schwertern, Messern oder Degen […] auf der Gasse herumlaufen soll …»)[88] und «kein waffen noch gewer tragen» («keine Waffen oder Gewehre auf sich tragen»)[89]. Dass solche Verbote sinnvoll waren, zeigt die *Böse Fasnacht* von 1376 in Basel, wo im Verlauf eines Turniers zur Feier der Fasnacht Tumulte aufkamen und in blutige Auseinandersetzungen zwischen Bürgern und Edelleuten ausarteten.[90]

Eine der einfachsten Verkleidungen war der Kleidertausch zwischen Mann und Frau, wie zwei Quellen aus der Mitte des 16. Jahrhunderts zeigen: «An nechst verschinener vasznacht / ist diser Hans von W. / mit anderen jungen gsellen / inn butzen wisz / mit frowen cleideren angethon / vmbher zogen / seltzamm bossen gerissen / sich lossen halsen / vnd lecken / vnder anderm Nyder gehuret vnd sich des wassers / wie ein wib / entplost / das nun gar schantlich / vnd ergerlich gsin /

Abb. 14 Turnierszene auf einem Basler Kalenderblatt um 1480. In der Mitte zwei tjostierende Ritter, begleitet von Herolden oder Grieswärtern («Schiedsrichtern») in Narrentracht.

dorumb im kefyg glegen …» («An der letzten Fasnacht ist Hans von Warse, der Metzgergeselle, mit anderen jungen Gesellen in Frauenkleidern umhergezogen, hat seltsame Possen gerissen und hat sich umarmen und küssen lassen. Unter anderem hat er sich auch hingehockt und wie eine Frau Wasser gelassen, was sehr unanständig und ärgerlich war. Deshalb musste er ins Gefängnis …»)[91] und «Peternella Sacco / hatt sich lossen betören das ir wibs cleider abgezogen / hosen vnd wammest angleit / ein filtzhut vff gsetzt / sich lossen mit kolen schwartz machen wie ein Mör / voll wins worden / vnd also mit gůten gsellen / die vergangne nacht / biss vmb die elffte stund vmbher zogen / vnd vff dem Münster platz / ouch an andern orten grobe zotten geryssen / zů lest vff der schlosser stuben gangen / doselbst die obgenanten zwen (ein Schlosser- und ein Schuhmachergeselle) … gfunden, die sy nit anderst / dann für ein mannsbild angesehen / iren zetrincken gebotten …» («Peternella Sacco hat sich überreden lassen, ihre Frauenkleider gegen Hosen, Wams und Filzhut einzutauschen, sich das Gesicht mit Kohle schwarz wie ein Mohr färben zu lassen, und sich dann betrunken. So zog sie dann letzte Nacht mit Gesellen zusammen bis um 23 Uhr umher. Auf dem Münsterplatz und auch an anderen Orten rissen sie grobe Zoten und zogen zuletzt auf die Zunftstube der Schlosser. Dort traf sie auf einen Schlosser- und einen Schuhmachergesellen, die sie offensichtlich für einen Mann hielten und sie zum Trinken einluden …»)[92]. Der Sinn der Maske bzw. der Verkleidung an sich besteht darin, dass man in eine andere Identität schlüpft und sich dadurch freier und ungehemmter verhalten kann[93], wie die letzte Quelle auch gezeigt hat. Dadurch konnten jedoch auch die Grenzen der Sittlichkeit überschritten werden, was die Obrigkeit durch Verbote zu unterbinden suchte. Auch das Schwärzen des Gesichtes, wie es Peternella Sacco tat, war eine einfache und effektive Art, seine Gesichtszüge zu verstecken und dadurch unerkannt zu bleiben.

Eine Fasnachtsfigur, die in den Basler bzw. basellandschaftlichen Quellen erst nach der Reformation erwähnt wird, ist der Gutzgyr oder auch Hutz-Gyr, der in Läufelfingen BL bis ins 19. Jahrhundert bekannt war.[94] Der Gutzgyr wird in den hier verwendeten Quellen immer mit der Mittfasten, also dem vierten Fastensonntag (Laetare), in Verbindung gebracht: «Vff Mitvasten triben sie abgötterej mit eins Vermumbten schönbart[95], den sie heiszen Gutzgyr» («An Mittfasten trieben sie Abgötterei mit einem Vermummten, den sie Gutzgyr nennen»)[96]. Auch sehr aufschlussreich ist die folgende Quelle aus Wintersingen BL von 1600: «**Gutzgyr wirt herumb gefüert, dabj der Namen Gottes missbrucht, allein dz sie anlosz zum schlemmen haben.**» («Der Gutzgyr wird umhergeführt, wobei der Name Gottes missbraucht wird. Und dies alles geschieht nur, damit sie einen Anlass zum Schlemmen haben.»)[97] Beim Hutzgyr handelte es sich um einen jungen Mann aus der Hutzgyrgesellschaft, die meistens aus fünf bis sechs Knaben bestand, der mit Frauenrock oder Strohgewand, hoher kegelförmiger Kappe, Schellengurt und wilder Gesichtsmaske ausgestattet war. Unter Lärm zog die Gesellschaft, der Gutzgyr immer vorne weg, durch die Strassen und heischte drohend mit einem Bettellied Gaben wie Brot, Eier, Mehl, Butter und auch Geld.[98]

Abb. 15 Basler Maskentreiben im 16. Jh. Deutlich zu sehen sind die aufgesetzten Gesichtsmasken.

«Hutzgüri geri,
Stockfisch und Eri!
Gebt mir au en Eierinanke,
I will ech tusig Mole danke.
Gebt mer Mehl und Brot!
Lueg, wie 's Hutzgür stot!
Wenn der is aber nit weit ge,
So wei mer ech Chüe und Chalber ne,
Mer wei ech 's Hus abdecke,
Mer wei ech uferwecke.»[99]

Auch ein weibliches Pendant zum Gutzgyr existierte, das sogenannte Weibel-Weib, das in denselben Gegenden wie der Gutzgyr umzog und in einer Quelle aus dem Jahr 1736 erscheint: «die Fasznacht feür, sammt Weibel weib und Guts-Gyr sollen könfftig abgeschafft seyn.» («die Fasnachtsfeuer, Weibel-Weib und Gutzgyr sollen künftig abgeschafft werden.»)[100] Das Weibel-Weib wurde dabei nicht von einem der Mädchen aus der Weibel-Weib-Gesellschaft dargestellt, sondern es handelte sich bei der Figur um eine aufgeputzte Strohpuppe, die mit einem Bettellied von den Mädchen durch die Strassen getragen wurde.[101]

In der Fasnachtsliteratur werden Strohpuppen normalerweise immer im Zusammenhang mit späterem Verbrennen genannt, was wir in unserem Fall jedoch nicht finden. Es handelt sich bei diesen Verbrennungen um einen Schlussbrauch des Fasnachtsfestes, indem die Fasnacht, also die Strohfigur, verbrannt wird und damit das endgültige Ende versinnbildlicht. Nach Mezger könnte dieser Brauch aus der mittelalterlichen Rechtsauffassung hervorgegangen sein, wonach alles Gottferne, Ketzerische und Teuflische im Feuer vernichtet werden muss.[102] Es gab jedoch auch einen konkreten Brauch an Mittfasten (Mitte der Fastenzeit), der seit dem 14. Jahrhundert im deutschen Raum existierte. Dabei wurde eine Strohpuppe, die den Tod symbolisierte, vor das Stadttor getragen und dort verbrannt. Der Ursprung dieses Brauches soll in der Perikope (Bibelabschnitt) des Donnerstags nach Mittfasten liegen, wo es heisst: «**Als er nahe an das Stadttor kam, siehe, da trug man eben einen Toten heraus [...].**» Dadurch soll in einer symbolischen Brauchhandlung die Überwindung des Todes durch den Erlöser dargestellt werden.[103] Dieser Brauch hat, oberflächlich gesehen, nicht die geringste Ähnlichkeit mit dem Brauchtum des Gutzgyr und des Weibel-Weibes, ausser dass beide an Mittfasten stattfanden. Wenn wir das Ganze jedoch ein wenig genauer betrachten, können wir in beiden Fällen eine Reinigungszeremonie und den Eintritt in eine neue Welt ohne Sünden entdecken. Beim Gutzgyr und Weibel-Weib stellt diese Reinigungszeremonie das Heischen der (Opfer-)Gaben dar, durch welche die Totengeister, worauf diese Figuren ursprünglich wohl auch zurückgehen, besänftigt werden. Beim «Toten»-Verbrennen stellt das Feuer die Reinigung dar. In beiden Fällen folgt nach der Mittfasten die zweite Hälfte der Fastenzeit, worauf Ostern und damit der Eintritt in eine neue, sündenfreie Zeit folgt.

Wie schon erwähnt, wurden die Figuren Gutzgyr und Weibel-Weib nicht an der eigentlichen Fasnacht herumgeführt, sondern erst an Mittfasten. Da die Fastensonntage seit dem Konzil von Benevent 1091 nicht mehr vom Fastengebot betroffen waren, scheint man den Mittfastensonntag (Laetare), als Halbzeittermin der Fastenzeit sozusagen, nochmals genutzt zu haben, um die Fasnacht ein letztes Mal aufleben zu lassen, wie das auch für Belgien noch heute bekannt ist[104], und feierte dabei nochmals so ausgelassen wie an der Fasnacht. Da dieser Brauch zwar nicht zur eigentlichen Fasnacht gehörte, aber eindeutig mit ihr im Zusammenhang stand, soll er hier ebenfalls erwähnt werden. Ob dieser Brauch eventuell auch in der Stadt praktiziert wurde, ist nicht bekannt, was aber durchaus denkbar wäre, da auch Brauchtum vom Land in die Stadt getragen wurde.

Abb. 16   Wirkteppich mit Wilden Leuten auf der Hirschjagd. Ausschnitt eines Basler Wirkteppichs.

Heischebräuche

Unter Heischen versteht man das Recht der Masken, verschiedene Naturalien zu verlangen, zu fordern und auch zu stehlen, was einherging mit dem Rügen und Spenden. Das Wort *heischen* bedeutet nichts anderes als *fordern, verlangen, erbitten*.[105] Heischebräuche findet man unter anderem auch an der Fasnacht, und das nicht nur im Raum Basel.

Auch in Zürich kannte man Heischebräuche, wie zum Beispiel das *Küechlireichen* oder *Küechliholen*, wie die folgende Quelle aus der Zeit nach der Reformation zeigt, wo dieser Brauch, neben anderen fasnächtlichen Sitten, ausdrücklich verboten wird.[106] «**Witer verbietend die genannte Herren, dass weder uf die pfaffen-, jung noch alt fasnacht niemans den andern tags oder nachts überloufen und das küechli holen [sölle]**» («Weiter verbieten die obengenannten Herren, dass man weder an der Pfaffen-, jungen oder alten Fasnacht weder tags noch nachts jemanden heimsuchen und Küechli holen soll»).[107] Dass das Fasnachtsküechli als Heischeware entstand, hängt mit dem Gebot der Fastenzeit zusammen, keine Lebensmittel wie Eier, Milch und Fett zu verwenden. Da diese Produkte vor der Fastenzeit noch aufgebraucht werden mussten, entstand die fettige Backkultur des *fetten* oder *schmutzigen Donnerstags*[108], zu der auch die Fasnachtsküechli gehörten. Für Basel ist der Begriff des schmutzigen Donnerstag zwar nicht belegt, doch kann man annehmen, dass dieser Tag auch hier als Backtag für die Fasnachtsküechli genutzt wurde.

Doch was hat man sich überhaupt unter dem Begriff des Küechliholens vorzustellen? Der Brauch gestaltete sich ursprünglich wohl so, dass die Männer, hauptsächlich die jungen unverheirateten, von Haus zu Haus zogen, um dort ihre Küchlein von den Frauen zu erbetteln. Mit der Zeit wurden die Küchlein dann nicht mehr nur erheischt und zum späteren Verzehr mitgenommen, sondern man verspeiste sie gleich im Hause der spendenden Person. *Mann* hoffte natürlich im günstigeren Fall, auch noch andere Zuwendungen ausser dem Fasnachtsküechli zu erhalten. Dabei konnte es auch schon mal vorkommen, dass der Bittsteller seiner Gastgeberin die Ehe versprach, um zu bekommen, was er wollte, was aus einer Gerichtsakte aus dem Jahre 1540 hervorgeht: Mergelin Nochbur als Klägerin sagt aus: «**... Item vff nechstuergangne vasnacht / by nacht zwüschen acht und nün vren / (sye) Er Wolf zu iren / in ir vatter vnd mutter huszhebliche wonung inn butzen wisz / mit Steffan dem hutmacher sim gsellen / aber kummen / das ku(e)chlin geholt / vnd iren der ee (Ehe) gichtig gewesen ...**» («Letzte Fasnacht zwischen acht und neun Uhr abends sei Wolf zusammen mit Stefan dem Hutmacher, seinem Gesellen, verkleidet in ihr Elternhaus gekommen und habe Küechli geholt und ihr die Ehe versprochen ...»)[109], worauf der Angeklagte erwiderte, dass er: «… dessglichen an der Jungen vasnacht / dwil sy inn vmbs kuchlin gladen / wer er kummen mit sim gsellen / abermols kein wort der Ee halb geredt …» («desgleichen sei er mit seinem Gesellen an der jungen Fasnacht zu ihr gegangen, da sie ihn zum Küechliholen eingeladen hatte, wobei er aber wiederum kein Wort über eine Heirat gesagt habe …»).[110] Dass mit diesem Brauch offenbar wirklich die Hoffnung oder die Tatsache einherging, man könne als Mann ausser dem Küechli noch etwas anderes holen, zeigt auch die nächste Quelle, wo die heischenden Männer offenbar mit kalkulierter Absicht ein Haus aussuchten, in denen Frauen an diesem Abend alleine waren: «Demnach vnd sy nechten Spodt zů vnzyten / inn der Exaudinen husz (?) am inneren Spalen thurn glegen / ein wyldt geschrey tryben / tantzet vnd gesprungen / do töchteren vnd Eewyber gsin / deren mann nitt anheymsch gsin / Sindt sy alle / sampt gedochter Mergelin Groszclauserin / by deren sy ze tisch gondt / die sy ouch an bemellt ort / das ku(e)chlin zereychen gefu(e)rt hatt / inn gfencknisz gleyt.» («Zu Unzeiten spät in der Nacht war im Exaudinen-Haus am inneren Spalenturm ein wildes Geschrei, Getanze und Gespringe veranstaltet worden, woran auch Töchter und Ehefrauen, deren Männer nicht anwesend waren, teilnahmen. Sie alle zusammen, inklusive die Tochter Mergelin Groszclauser, bei der alle zu Tisch gewesen waren und welche sie alle zum Küechliholen eingeladen hatte, wurden ins Gefängnis gebracht.»)[111] Aus der Tatsache, dass die Frauen offensichtlich auch an dem wilden Treiben teilnahmen, könnte herausgelesen werden, dass es nicht ungewöhnlich war, dass sich die Frauen auch auf Gunstbezeugungen anderer Art einliessen. Dabei konnte es unter Umständen zu Auswüchsen kommen, was in Südwestdeutschland zu teilweise massiven Reglementierungsmassnahmen führte.[112]

Das Küechliholen an sich geht eigentlich auf kirchliche bzw. obrigkeitliche Sitten zurück. Wie wir oben schon gesehen haben, war die Fasnacht ein Termin, an dem fällige Zinsleistungen an die Obrigkeiten zu leisten waren. Die Obrigkeit zeigte sich im Gegenzug auch erkenntlich und gestand den Untertanen ein Heischerecht zu, welches der einfachen Bevölkerung erlaubte, kleinere Gaben zu verlangen. Daraus entwickelten sich mit der Zeit stark ritualisierte Brauchabläufe, wie zum Beispiel die Armenspeisung in Spitälern oder das Abholen des Fasnachtsküchleins bei der Obrigkeit.[113] Ein Eintrag im Rechnungsbuch des Klosters Klingental in Basel führt 1445 zum Beispiel die Kosten für «kv(e)chlin» auf: «der brv(o)der v(n)d knechten kv(e)chlin kosten iiij β» («die Küechli der Brüder und Knechte kosten 4 Schillinge»)[114], was auch für dieses Kloster den Brauch des Fasnachtsküechlis bezeugt. Ob es sich bei den «knechten» hingegen um klostereigenes Personal oder eben um die oben beschriebenen heischenden Pächter gehandelt hat, kann hier nicht festgestellt werden.

Ursprünglich kam das Heischen nur in Verbindung mit der Maske vor, es war ihr Ausnahmerecht und gehörte spezifisch zu ihren Merkmalen, wie auch das Rügen und Spenden. Doch mit der Zeit wandelte und veränderte sich der Brauch, kirchliche und gesellschaftliche Einflüsse kamen hinzu und führten schliesslich zum

Küechliholen, auch ohne Vermummung, wie oben beschrieben. In seinem Ursprung stellte das Heischen eine Art Sühnezeremonie der Lebenden den Toten gegenüber dar, bei welcher man die Seelenwesen durch Gaben zu versöhnen suchte. Waren die Geister besänftigt, spendeten sie im Gegenzug ihren Segen, der auch die Form von Gaben haben konnte, und dann am häufigsten durch das *Auswerfen* geschah. Dabei wurden die Spenden, meistens Lebensmittel, ins Haus hineingeworfen, ohne dass man den Spender zu Gesicht bekam. In Schweden werden noch heute die Weihnachtsgeschenke in dieser Weise verteilt. Dieser Brauch des Auswerfens ist damit zu erklären, dass, wie beim Rügen, auch beim Spenden der Eindruck entstehen sollte, dass nicht als Masken verkleidete Menschen diese Tätigkeit ausführten, sondern Geisterwesen am Werk waren.[115]

Im Laufe der Zeit entwickelte sich das Küechliholen, besonders im städtischen Raum, zu geselligen Einladungen und Festen, bei welchen auch andere Lecke-

Abb. 17 Besuch der Zürcher an der Basler Fasnacht 1504. Empfang vor dem Stadttor. Die Schildhalter treten als Maskenfiguren (Löwe und Basilisk) auf.

reien gereicht wurden. Diese Entwicklung ging soweit, dass man sich nicht nur in der eigenen Stadt bzw. Region gegenseitig einlud, sondern es entstanden daraus regelrechte eidgenössische Besuchstage, die man durch Gegenbesuche erwiderte. Das klassische Beispiel für so einen fasnächtlichen Besuch stellte der Fritschi-Besuch in Basel dar, obwohl dieser erst im September 1508 und nicht an der Fasnacht selbst stattfand.[116] Wie wir oben schon gesehen haben, handelte es sich beim Fritschi um das Stadtsymbol von Luzern, welcher immer am schmutzigen Donnerstag als Fasnachtsauftakt in einem Umzug durch die Stadt geführt wurde (und immer noch wird). Ende 1507 war es einem Basler Soldaten und Zunftmeister gelungen, den Fritschi, einen «ströwinen (aus Stroh) man»[117] in Luzern zu entwenden und ihn nach Basel zu entführen. Man wollte so die Luzerner für einen Fasnachtsbesuch nach Basel locken und die eidgenössischen Bande durch gemeinsames fröhliches Feiern stärken. Es folgte ein launiger Briefwechsel zwischen den beiden Städten, worin die Luzerner unter anderem um einen Aufschub des Besuches baten. Im September 1508 war es dann soweit, und man feierte mehrere Tage mit verschiedenen Festessen, Tänzen und einem Preisschiessen auf der Schützenmatte.[118]

Solche eidgenössischen Besuche fanden aber nicht nur an der Fasnacht statt, sondern auch Kirchweihen waren beliebte Daten dafür. Leider arteten solche festlichen Treffen auch immer wieder in grössere Heischezüge aus, welche dann zu privaten Kriegszügen führen konnten, weshalb die Obrigkeit darauf bedacht war, solche durch Verbote im Keim zu ersticken: **«da etliche Gesellen von Zug und anderen Orten eine Fastnacht verabredet haben sollen, wird beschlossen, dass man allenthalben Vorsorgen treffen soll, damit nicht Krieg und Unrat daraus entspringe.»**[119] Der bekannteste unter diesen Kriegszügen war der Zug vom törichten Leben, besser bekannt als «Saubannerzug», vom Februar 1477, ein Heischezug, ausgehend von der Innerschweiz in die Westschweiz, unternommen von Elitesoldaten der Burgunderkriege.[120] Hier findet sich nun ein weiterer Grund, weshalb das Tragen von Waffen und das Spielen von Trommeln und Pfeifen an der Fasnacht immer wieder verboten wurden; man wollte vermeiden, dass sich Heischezüge direkt in kriegsähnliche Unternehmungen ausweiten konnten.

Heische- oder Bettelumzüge gab es aber auch noch in anderer Form und zu anderen Zeiten, wie die folgenden zwei Beispiele zeigen. Vor allem der Umzug des Knabenbischofs am St. Nikolaustag sollte hier erwähnt werden. Aus den Schülern des Domstifts zu Basel wurde jedes Jahr ein Schüler ausgewählt, um den Bischof darzustellen und so seinen Festtag zu feiern. Nach einem Gottesdienst zog die Prozession mit dem Knabenbischof voran durch die Stadt und nahm Spenden der Einwohner entgegen. Der Zusammenhang zwischen Kindern und St. Nikolaus ergibt sich daraus, dass der Heilige als Schutzpatron der Schüler galt.[121]

Auch die Wurstbettelumzüge gehören zur Kategorie der Heischezüge. Wie der Name schon sagt, wurde dabei um Würste gebettelt, wobei oft gesungen, oder, wie es für den fränkischen Raum des 16. Jahrhunderts belegt ist, Verse aufgesagt wurden: «Ich bring zum Fastelabend einen grünen Busch / Habt ihr nicht Eier, so gebt mir Wurst!»¹²² Das Wurstsingen war ursprünglich ein Brauch, der zu den Schlachtzeiten, zwischen November und Januar, auf dem Land gepflegt worden war und erst Anfang des 15. Jahrhunderts in die Stadt vordrang, wie eine Quelle von 1418 zeigt: «Es ist by kurzen jaren ein frömde gewonheit hie in der statt ufferst[and]en, daz man die zuo eim dorff machen mit singe umb würst uf ein ingond jar, als man in den dörffern gewonlich tuot.» («Seit einigen Jahren hat sich hier in der Stadt die neue Gewohnheit entwickelt, dass man an Neujahr die Stadt zu einem Dorf macht und Würste heischen geht.»)¹²³ In den folgenden zwanzig Jahren nahmen die Verbote zum Wurstsingen zu und wurden auch auf die Fasnachtszeit ausgedehnt: «dis heilige hochzit und ouch darnach über die vaßnacht […] soll ouch niemand umb würste singen noch umb geld» («diese Weihnacht und auch später an der Fasnacht soll niemand mit Singen Würste oder Geld heischen gehen»).¹²⁴ In vielen der Verbote gegen das Wurstsingen werden auch Maskenbräuche genannt, was wiederum die bestehende Verbindung zwischen Verkleiden und Heischebrauch deutlich macht, so zum Beispiel auch in Basel 1418 und 1423: «Ouch hand sy üch heissen gebieten daz nyemand in Bögkenwise gon sölle noch sich in dehein wise verendern mit kleideren oder in ander wege […] Es sol ouch niemand singen gon umb würst» («Auch haben sie Euch verboten, in Bocksweise umherzugehen oder sich in irgendeiner Art zu verkleiden […] Es soll auch niemand mit Singen Würste heischen gehen»), «Unsern herren Rate und meister ist fürkommen daz man nachtes gange singen umb würst gelt und deßglichen das ein böse gewonheit ist Darzů daz man angefangen habe in Böcken wise ze gonde» («Unser Herren Rat und Meister haben entschieden, dass das nächtliche Würste- und Geldheischen zu einer schlechten Gewohnheit geworden ist, wie auch das neuaufgekommene Umgehen in Bocksweise»).¹²⁵ Nach der Reformation wird das Wurstsingen in den Quellen nicht mehr erwähnt, was jedoch nicht heissen muss, dass dieses Brauchtum zu der Zeit nicht mehr üblich war, denn wie wir wissen, gehörte es in Benken BL noch Anfang des 20. Jahrhunderts zum Brauchtum an der *Metzgete*.¹²⁶

Abb. 18   Heischezug aus dem 17. Jh. im Innern eines Bierhumpens.

Rügebräuche

Grossen Lärm zu veranstalten gehörte fest ins Gefüge der Fasnacht, vor genauso wie auch nach der Reformation. Das Lärmen konnte als selbständige Aktivität, aber auch als Teil der Rügebräuche auftreten. In diesem Zusammenhang wird das Lärmen der Maske zu einer Drohgebärde gegen den Menschen. Hierzu wird auch das Bochseln gezählt. Der Begriff *Ge-bochsel* bedeutet nichts anderes als *Gepolter*[127], was auf die Sitte hinweist, dass die Masken unter Gepolter, Geschrei und Toben durch die Gegend zogen, an die Türen und Fenster der Häuser klopften, sich so ankündigten und heischten. Das Bochseln war unter anderem auch Teil des Heischens und gehörte zu den spezifischen Tätigkeiten der Maskengestalten. Ursprünglich war das Bochseln ein Adventsbrauch und auf bestimmte Tage beschränkt gewesen und breitete sich erst im Laufe der Zeit auch auf die anderen Maskenzeiten aus[128], wie die folgende Quelle von 1450 zeigt: Rat und Meister wollen nicht, «dz iemand uf morn Bochele diß hochzyt (= Weihnachten) und da zwusch ouch nach dem hochzyt es sye ze vasnacht oder ander zyt.» («dass man morgen an der Weihnacht bochselt sowie auch später weder an der Fasnacht noch zu anderen Terminen..»)[129]. Die ersten Erwähnungen vom Bochseln finden wir in Basel 1432 respektive 1436: «Und darumb so wellent unser herren und verbietent uch ernstlich daz niemand Bocheln sol» («Und deshalb verbieten unsere Herren Euch eindringlich das Bochseln»), «Alß denn uf morn die bosselnacht ist tünt ouch unser herren verbieten daz niemand bosseln sol» («Da morgen die Bochselnacht ist, verbieten Euch unsere Herren zu bochseln»).[130] Auch an der nachreformatorischen Fasnacht wurde das Bochseln noch praktiziert, jedoch in reduzierter Form: «vff vasnacht mit andern fischeren / by nacht uber das die glock zwey gschlagen / vff den gassen hin vnd her glouffen / den lüten an hüseren clopfft, dornoch zur Meckten sich voll gesoffen» («an der Fasnacht mit anderen Fischern nachts um zwei auf den Gassen umhergelaufen, den Leuten an die Häuser geklopft und sich danach im Haus zur Mägd [ein Vorstadtgesellschaftshaus] betrunken»).[131] Im Laufe der Zeit verlor das Bochseln immer mehr von seinem ursprünglichen Zweck, und nur das An-die-Türen-Klopfen, also der Lärm, blieb übrig.

Als selbständige Aktivität liessen sich verschiedene Arten des «Lärms» ausmachen. Man konnte zum Beispiel herumschreien, jauchzen oder sich verschiedenster Musikinstrumente bedienen. Ausserdem werden auch Schellen als ruhestörende Elemente verurteilt: «Unser herren tünd ouch menglichem sagen und ernstlich gebieten dz niemand dhein unzüchtig tentze noch geschelle allenthalben in der stat machen» («Unsere Herren verbieten eindringlich, dass man weder unzüchtige Tänze in der Stadt aufführe noch allenthalben Geschelle mache»).[132] In einer Quelle aus der Zeit nach der Reformation werden Schellen im selben Satz mit einem Schlitten erwähnt: «Item den *27 Merzens* vsglassen Wolffgang Siffert banwart in der Kleinen statt vnd Hanns Müller Clarenmüller / demnach vnd sj zů nacht / in der Fasznacht vf eim schlitten gfaren / mit schellen vnnd schryen / vnd es aber verbotten gsin / Sind sj übernacht inglegt / vnd ieder vmb 5 β gestraft wordenn / die sollen sy bis samstag vfs bret legen / Darnach soll auch der Banwart sins diensts vnnd ampts besser wartenn / dan biszhar bschehenn /.» («Am 27. März hat man Wolffgang Siffert, Bannwart in Kleinbasel, und Hanns Müller, Clarenmüller, aus der Haft entlassen. Sie waren nachts an der Fasnacht mit Geschelle und Geschrei auf einem Schlitten gefahren, obwohl es verboten war, und wurden deshalb über Nacht im Gefängnis eingesperrt. Beide werden mit 5 Schillingen gestraft, welche sie bis Samstag zu entrichten haben. Danach soll auch der Bannwart seinen Dienst besser versehen, als er es bisher getan hat.»)[133] Als erstes kommen einem da natürlich die Schellen in den Sinn, die die Schlittenpferde normalerweise an ihrem Geschirr tragen; doch ob dieser Schlitten wirklich von Pferden gezogen worden ist, wird in der Quelle nicht erwähnt. Da diese nächtliche Schlittenfahrt jedoch in der Stadt, sprich im Kleinbasel, stattgefunden hat, dürfte es sich bei dem Kufenfahrzeug um ein kleineres Modell ohne vorgespannte Pferde gehandelt haben, da es schon aus Gründen der Platzverhältnisse relativ schwierig gewesen wäre, mit einem Pferdeschlitten durch die Stadt zu ziehen. Die einleuchtendere Erklärung für die Schellen liegt aber in der Figur des Narren, der seit dem 15. Jahrhundert nicht mehr aus dem Fasnachtsgeschehen wegzudenken ist. Zu den am weitesten verbreiteten Attributen der Narren gehören die Schellen und die Rollen. Und da der Schlitten[134], neben dem Schiff und Karren, dem Narren als typisches Fortbewegungsmittel dient, könnte man davon ausgehen, dass es sich bei den zwei nächtlichen Unruhestiftern in unserer Basler Quelle um Narrengestalten oder jedenfalls Fasnächtler mit Narrenrequisiten handelte.

Die meisten Berichte über Lärmbräuche an der Fasnacht vor der Reformation zeigen, dass man sich vor allem über die nächtliche Ruhestörung ärgerte und diese unterbinden wollte: «nach der bettglogken mit der Trumen nit umbgan» («nach dem Abendgeläut nicht mit der Trommel umhergehen»)[135], «mengerley grossen geschreyes und unzuchtiges gelouffes juchzendes und geboßeles nachts uff den gaßen umb und umbe getriben werde veßer und blocher[136] jn den gaßen» («mancherlei lautes Geschrei, Gejauchze, unanständiges Herumlaufen und Gebochsel nachts auf den Strassen hin und her veranstaltet werde, mit Fässern und Schlitten auf den Gassen»)[137]. Aber auch am Tag war die Lärmbelästigung nicht gerne gesehen: «Deßglichen lassen unser herren Rät und meister ernstlich verbiettenn […] Das hinfur niemand mit offner trumen oder derglich weder tages noch nachts jn der Stat umbgange» («Desgleichen verbieten unsere Herren Rat und Meister eindringlich, dass fortan niemand, weder tags noch nachts, trommelnd oder in ähnlicher Weise in der Stadt umhergehe»).[138]

Die oben erwähnte Quelle zeigt ein Element des Lärmbrauchtums, das bisher in den verwendeten Quellen noch nicht genannt worden ist: Gegenstände mit

Abb. 19 Eine Anwohnerin setzt sich gegen die Lärmbelästigung durch fasnächtliche Narren zur Wehr.

Abb. 20 Küfertanz.

allegorischem Charakter (Schlitten, Fass), die durch die Strassen geschleppt oder gestossen werden. Wie wir oben schon gesehen haben, war der Schlitten eines der typischen Fahrzeuge des Narren; was es aber mit dem Fass auf sich hat, muss hier näher erklärt werden. Im Zusammenhang mit dem Ursprung der Fasnacht werden die römischen Bacchanalien, ein Fest zu Ehren des römischen Weingottes Bacchus, fälschlicherweise auch immer wieder angeführt. Der Grund dafür liegt wohl darin, dass an der Fasnacht der exzessive Weinkonsum eine grosse Rolle spielte und man daraus auf den Zusammenhang zu den Bacchanalien schloss.[139] Jedenfalls hielt sich diese Annahme lange, was dazu führte, dass man auf Bildern die als Person dargestellte Fasnacht oft auf einem Weinfass reitend abbildete.[140]

Das Trommeln und Pfeifen wird in den Quellen zur Fasnacht meistens im Zusammenhang mit den Lärmbräuchen bzw. Ruhestörungen genannt, wie die folgende Quelle aus dem Jahr 1450, zur Zeit, als die Pest in Basel wütete, zeigt: «**mit trummen becken phiffen da durch der welt und besunder siechen lüten der leyder jetz me denn zu andern ziten sint vil unrüwe und ungemachs zugezogen**» («mit Trommeln, Becken und Pfeifen, womit der Umwelt und besonders den Kranken, von welchen es im Moment leider mehr gibt als zu anderen Zeiten, viel Unruhe und Unannehmlichkeiten zugefügt wurde»)[141]. Trommel und Pfeife waren eigentlich die Instrumente der alteidgenössischen Kriegsmusik, sind im Mittelalter aber gleichzeitig auch als Instrumente der Tanzmusik belegt[142], was die folgende Quelle zeigt, worin

Abb. 21   Dolchscheide mit Trommler und Pfeifer von Urs Graf.

die Querpfeife als Begleitinstrument des Tanzes beschrieben wird: «Deßglichen die täntz so uff offener gassen mit pfiffen luten slahen und andern siten spilen bißhar gepflogen sind Soll sich menglicher davor hüten und die nit üben dann wellicher das tätte den will ein Ratt darumb straffen» («Obwohl man bisher Tänze auf offener Strasse in Begleitung von Pfeifen, Lautenschlagen und anderen Saitenspielen auszuüben pflegte, soll man sich jetzt davor hüten, sonst wird man vom Rat dafür gestraft»)[143]. Ob hier hauptsächlich die laute Musik der Instrumente oder vielleicht doch eher das Tanzen das Missfallen der Obrigkeit erregt hatte, sei dahingestellt. Jedenfalls waren Lärm und Musik im Mittelalter nicht so klar gegeneinander abgegrenzt und verwischten sich, was auch die folgende Quelle zeigt, wo zwei Basler Stadtmusiker, ein Trommler und ein Pfeifer, unerlaubt an der Fasnacht mit ihren Instrumenten durch die Strassen zogen und durch den «Lärm», den sie veranstalteten, unangenehm auffielen: «Gorius Bantzermacher der pfiffer / vnd Michel Hetzer der Trummenschlaher / dise zwen haben gewist / das vnnser herren vnd Oberen ein Ersamer Rhat / das Pfiffen vnd Trummenschlahen verbotten / uber sollichs / haben sy den Metzger knechten an der vasnacht on erloupnisz / Gepfiffen vnd mit der Trummen vmbher zogen / …» («Gorius Panzermacher, der Pfeifer, und Michel Hetzer, der Trommler, haben gewusst, dass unsere Obrigkeit, der Rat, das Pfeifen und Trommeln verboten haben. Trotzdem haben sie an der Fasnacht ohne Erlaubnis für die Metzgerknechte gepfiffen und sind trommelnd umhergezogen …»).[144]

Auch für Süddeutschland sind die Pfeifen als Fasnachtsinstrumente belegt, wie eine Polizeisatzung aus Nürnberg Ende 14. Jahrhundert zeigt: «Daz fürbaz niemant weder hantwerk leut noch hantwerk knecht noch dienstknecht durch die stat rayen noch mit pfeiffern gen sullen awzzgenomen an herren vasnacht am gailn montag vnd an der rechten vasnacht …» («Dass von jetzt an keiner, weder Handwerker noch Handwerksgeselle, noch Dienstknecht durch die Stadt ziehen oder mit Pfeifern umhergehen solle, ausser an der Herrenfasnacht, am geilen Montag und an der rechten [= alten] Fasnacht …»)[145]

Auf der bereits erwähnten Ofenkachel, die in der Mitte des 15. Jahrhunderts in Basel hergestellt wurde, sehen wir drei verkleidete Gestalten, die auf Blasinstrumenten Musik machen.[146] Die Vermutung liegt nahe, dass es sich bei den drei Gestalten um fasnächtliche Figuren handelte, da die Kopfbedeckung des einen Kostümierten verdächtig nach etwas Narrenkappenähnlichem aussieht, worauf wir im weiteren aber noch zurückkommen werden. Bei den Instrumenten, welche die drei spielen, handelt es sich definitiv um Blasinstrumente. Man kannte im Mittelalter eine Reihe lauter Instrumente, wie zum Beispiel Posaunen, Fanfaren, Zinken, Schalmeien und Flöten. Welche Instrumente hier genau dargestellt worden sind, ist für unsere Betrachtung nicht von Bedeutung, denn nur dass sie laut und lärmend waren, spielte eine Rolle.

Abb. 22 Dudelsack- und Schalmeispieler.

Wie oben erwähnt konnte das Lärmen der Masken auch ein Teil der Rügebräuche sein. Die Masken kündigten sich nicht durch menschliche Töne, sondern durch geisterhaften Lärm an, rügten – wozu der Lärm auch zählte –, heischten und spendeten.[147] Doch Rügebräuche konnten noch weit über Lärm oder Katzenmusik – später Charivari genannt – hinausgehen und zum Beispiel auch im nächtlichen Abdecken eines Daches, Eindringen in einen Haushalt und Zerstören desselbigen bestehen. Man bediente sich der Rügebräuche aber oftmals nicht nur um des Spasses willen, sondern verwendete sie auch zum Zweck der Volksjustiz.[148]

Auch das «Berämen», das Schwärzen des Gesichts der Nichtmasken mit Kohle oder Asche, fällt unter die Kategorie der Rügebräuche und wurde besonders am Aschermittwoch geübt.[149] Dieses muss jedoch grundsätzlich getrennt werden vom Schwärzen des eigenen Gesichts, was nichts anderes war als eine einfache Selbstmaskierung. Bei der folgenden Quelle, die den Fasnachtsbesuch des Herzogs Sigismund von Österreich 1467 in Basel beschreibt, kann nicht mit Sicherheit gesagt werden, um welche Variante des Schwärzens es sich handelte: «**[Der Herzog Sigismund] luff mit den frowen beremet durch die stat am wuscheltag**» («[Herzog Sigismund] lief am schmutzigen Donnerstag, in der Begleitung von Frauen, mit geschwärztem Gesicht durch die Stadt»).[150] Auch das Schlagen mit Aschensäcken, welches Hoffmann-Krayer in *Feste und Bräuche des Schweizervolkes* erwähnt[151] und das auch für Zürich belegt ist, war ein Rügebrauch: «**mit Secken vollen äschen, und je den nächsten damit geschlagen**» («mit Säcken voller Asche den nächstbesten geschlagen»).[152] Auch in einem Basler Ratsruf wird ausdrücklich verboten, dass man «**mit secken und derglich nyemand slahen**» («niemanden mit Säcken und dergleichen schlagen») solle[153]. Warum aber schlug man überhaupt mit Aschesäcken auf die Leute ein? Dies ist damit zu erklären, dass die Masken in ihrem Ursprung Geisterwesen dargestellt hatten und das Rügen mit dem Aschesack daher anonym, sprich wie durch Geisterhand, ausgeführt werden sollte.[154]

Ein Aschermittwochsbrauch, der schon früh von der Obrigkeit verboten wurde, war das *Brunnenwerfen*. Schon 1436 wurde ein Verbot dazu erlassen, das sich in diesem Fall speziell an die Handwerksgesellen richtete: «**Item gedenkent den hantwergknechten ze verbieten an der Eschermitwochen nit eynander ze trengen ze zeren und in die Brunnen zu werffen.**» («Denkt auch daran, den Handwerkern zu verbieten, sich an Aschermittwoch gegenseitig zu belästigen, zu zerren und in die Brunnen zu werfen.»)[155] Man muss hieraus schliessen, dass es offensichtlich hauptsächlich die Handwerksgesellen waren, die den Brauch des Brunnenwerfens übten, sonst wäre das Verbot wohl nicht so direkt an sie gerichtet gewesen. Auch sechs Jahre später, 1442, musste das Brunnenwerfen wieder untersagt werden mit dem weiteren Hinweis, dass es auch nicht erlaubt sei: «**die lüt uss iren hüsern mit gewalt ze nemmen und in brunnen ze tragen**» («die Leute mit Gewalt aus ihren Häusern zu holen und in die Brunnen zu tragen»).[156] Dass bei diesem Brauch ein gewisses Mass an Gewalt mit im Spiel war, ist offensichtlich, da sich kaum jemand freiwillig in einen Brunnen oder Bach, was auch vorkam, werfen liess, und das auch noch im Winter.

Eine Quelle von 1558 zeigt, dass der Brauch des Brunnenwerfens auch nach der Reformation noch ausgeübt wurde: Heinrich Gërnler der Schäfer – «Dorumb das er an der Eschmittwochen desz scherers am kornmerckt knecht / [...] angfallen / in / inn brunnen bym Esell wellen werffen» («Deshalb, weil er am Aschermittwoch den Schererknecht auf dem Kornmarkt angefallen und ihn in den Brunnen beim ‹Esel› [Wirtschaft] geworfen hat»).[157] Dass dieser Aschermittwochsbrauch der Obrigkeit vor der Reformation nicht gleichgültig gewesen sein konnte, erklärt sich einerseits mit dem Beginn der Fastenzeit an diesem Tag. Andererseits stellte das Brunnenwerfen auch ein Sicherheitsrisiko für die Bevölkerung dar, da immer ein gewisses Mass an Gewalt bei diesem Brauch mitspielte, nicht zu sprechen vom gesundheitlichen Risiko.

Doch was steht hinter dem Schabernack des Brunnenwerfens? Im schwäbisch-alemannischen Raum ist das Brunnenwerfen als symbolische Bestrafung des Narren bekannt oder auch als Abschlussbrauch der Fasnacht am Aschermittwoch, wo der Narr als Symbol für die Fasnacht ertränkt wird.[158] Dieser Sinn könnte auch hinter dem Brauch in Basel stehen, da die Quellen auch hier den Aschermittwoch als Termin des Brunnenwerfens nennen. Wenn dem so war, scheint es den Baslern jedenfalls nicht bewusst gewesen zu sein, denn es wird in den Quellen nirgends ein solcher Zusammenhang auch nur angedeutet. Es wäre indes auch möglich, dass es sich beim Brunnenwerfen zur Fasnacht um die ursprüngliche Tradition der Handwerker handelte, bei der neue Zunftmitglieder durch das Eintauchen im Brunnen in die Zunft aufgenommen wurden, also einen Initiationsritus, welcher als geeigneter Schabernack einfach für die Fasnacht übernommen wurde.[159] Oder es handelt sich einfach nur um einen weiteren Rügebrauch, bei welchem die Menschen von den Masken für ihre Sünden bestraft und deshalb, zur Reinigung sozusagen, in den Brunnen geworfen wurden. Diese Theorie macht insofern Sinn, weil es auch Verbote gab, die «das werffen der junkfrauen in die bäch» («das Werfen der Dienstmägde in die Bäche»)[160] untersagten, wie zum Beispiel das Berner Ratsverbot von 1480.

Fasnachtsspiel

Fasnachtsschauspiele in der Schweiz lassen sich erst seit Anfang des 16. Jahrhunderts mit Sicherheit nachweisen.[161] Die Fasnachtsspiele waren im Grunde eine Weiterentwicklung der geistlichen Spiele der Kirche, die ins 10. Jahrhundert zurückreichen und ursprünglich dazu dienten, der einfachen Bevölkerung die Bibeltexte bildlich vor Augen zu führen und so besser zu vermitteln.[162] Im Laufe der Zeit übernahmen immer mehr Laien die schauspielerische Darstellung in diesen geistlichen Spielen, was dazu führte, dass die Inhalte mehr und mehr verweltlicht wurden und schliesslich aus der Kirche hinausgetragen und auf öffentliche Plätze verlegt wurden. Somit war die Grundlage für die weitere Entwicklung dieser Volksschauspiele geschaffen, zu denen auch die Fasnachtsspiele gehörten.[163] Zu Anfang handelte es sich dabei nur um einfache Stegreifszenen, die von Laienschauspielern aus den verschiedensten Schichten der Bevölkerung dargestellt wurden und die sowohl satirisch dargestellte Begebenheiten aus dem Alltag als auch moralische Szenen, wie z.B. verschiedene Arten des Fehlverhaltens, umfassen konnten. Kennzeichen waren der komödienartige Stil und der oft derbe Humor.[164] Im Laufe der Zeit entwickelte sich aus den für die Fasnacht verfassten Stücken eine eigene literarische Gattung, zu deren Autoren auch der Basler Buchdrucker Pamphilus Gengenbach gehörte. Seine Stücke besassen im Gegensatz zu anderen des 16. Jahrhunderts immer einen ernsten Charakter und eine moralische Gewichtung.

In Basel wurden die Fasnachtsspiele wohl hauptsächlich auf dem heutigen Marktplatz, dem ehemaligen Kornmarkt, aufgeführt, wie aus einer Quelle des Jahres 1511 hervorgeht, als die Druckergesellen ein Schauspiel gaben: «**vff die alte fasznacht im spil so die trucker gesellen hatten vff der brügy (= Podium) am kornmerckt**» («an der alten Fasnacht führten die Druckergesellen ein Spiel auf der Bühne am Kornmarkt/Marktplatz auf»).[165] Da die Druckergesellen hier ausdrücklich erwähnt werden, ist anzunehmen, dass in Basel, wie auch in Luzern, die Zünfte die fasnächtlichen Narrenspiele durchführten.[166]

In den Basler Quellen finden wir noch 1546 ein Fasnachtsspiel erwähnt[167], danach scheint der Brauch in der Rheinstadt ausgestorben zu sein.

Feuerbräuche

Aus den Quellen zur Basler Fasnacht vor der Reformation erfahren wir, dass es Brauch war, in der Nacht der alten Fasnacht in Gruppen mit Fackeln durch die Stadt zu ziehen: «Demnach und bißhar gewonheit gewesen ist dz die jungen knaben und ander Als morn zu(o) nacht der alten vaßnacht mit brennenden fackln uff die pfalltz und an ander ort jnn der Statt umb geloffen und vil unfu(o)ge darmitt furgenommen Als abermals gescheen und etwas widerwertiges oder schad daruss entspriessen möcht» («Bisher war es der Brauch, dass die jungen Knaben und andere in der Nacht der alten Fasnacht mit brennenden Fackeln auf der Pfalz und in anderen Teilen der Stadt herumzogen, woraus viel Unfug entstand und wie es letzthin wieder stattgefunden hat und wodurch Schaden entstehen kann»).[168] Angesichts der Gefahr möglicher Brände, die in den engen Gassen leicht hätten entstehen können, sah sich der Basler Rat schon 1445 gezwungen, das Fackellaufen zu verbieten: «Unser herren verbieten ouch den jungen und den alten knaben dz si an der alten vaßnacht nehst kommende dhein vackeln tragen söllen wand in disen löuffen solichs grossen schaden bringen möcht» («Unsere Herren verbieten auch den jungen und den alten Knaben, an der nächsten alten Fasnacht Fackeln zu tragen, da dies zu grossem Schaden führen könnte»).[169] Offensichtlich hinterliess das Verbot von 1445 keinen grossen Eindruck bei der Bevölkerung, denn im Verbot des Rates von 1500 wurde zusätzlich eine Geldstrafe erhoben. Aber auch das fruchtete anscheinend nicht, denn auch 1515 wurde nochmals ein ähnliches Verbot mit Androhung derselben Geldstrafe erlassen: «mit facklen nit umbgan den welicher deren eins verbricht dem wirtt ein pfund pfenneg zu peen (poena = Strafe) unabläßlich abgenommen..» («nicht mit Fackeln umhergehen, denn wer solches tut, von dem wird ein Pfund Pfennig als Strafe abgenommen..»)[170] Aber nicht nur die Angst vor möglichen Feuersbrünsten hatte solche Verbote zum Anlass, sondern auch die Befürchtung der Obrigkeit, es könne *vil unfu(o)ge* aus den Fackelläufen entstehen, wie es auch vom Chronisten Johannes Gast überliefert wurde. Er berichtet nämlich von einem Brauch, der auf dem Hügel beim Steinentor stattfand. Am Sonntag der alten Fasnacht kamen dort junge Burschen mit Fackeln zusammen, wohl um ein Fasnachtsfeuer abzubrennen, was dann aber regelmässig in eine Prügelei ausartete, bei welcher sich die Burschen gegenseitig mit ihren Fackeln bis aufs Blut schlugen. Ob es sich dabei tatsächlich um einen festgeformten Brauch handelte oder nur um einen jährlich auftretenden Zusammenstoss rivalisierender Burschen aus verschiedenen Quartieren, kann hier nicht gesagt werden.[171] Sicher ist jedoch, dass es ein sich wiederholendes Ereignis war, was daraus hervorgeht, dass die Obrigkeit sich gezwungen sah, Stadtknechte zur Unterbindung dieses Brauchs am Steinentor zu postieren, um so zu verhindern, dass es überhaupt erst zu der Prügelei kommen konnte.[172]

Der Brauch der Fasnachtsfeuer respektive Höhenfeuer[173] war, aus offensichtlichen Gründen, hauptsächlich auf der Landschaft verbreitet, obwohl er teilweise auch in der Stadt ausgeübt wurde, und zwar vor wie auch nach der Reformation, was die folgenden Quellen von 1476 und 1554 zeigen: «Es sol ouch uff die alte vasnacht nyemand mit vacklen louffen noch gan noch einich füre machen alß vor her in gewonheit gebrucht ist» («Es soll auch an der alten Fasnacht niemand mit Fackeln umherlaufen oder sonst irgendein Feuer machen, wie es bisher der Brauch war»)[174] und «inn mindren Basell ein vasznacht für gmacht» («im Kleinbasel ein Fasnachtsfeuer angezündet»).[175]

Zum Brauchtum des Fasnachtfeuers, das wir noch heute im basellandschaftlichen Raum kennen, gehörte auch das Scheibenschlagen. Am Sonntag Invocavit, auch Funkensonntag genannt, war es in Basel der Brauch, dass die jungen Burschen mit Fackeln durch die Stadt zum Münsterplatz hinaufliefen, auf der Pfalz Feuer anzündeten und das Scheibenschlagen ausübten: «schlugen sich auf der Scheiben». Um zu verhindern, dass es bei diesen Feuerspielen zu Unglücken kommen konnte, setzte der Rat von Basel für diesen Abend Stadtknechte ein, die zum Rechten schauten.[176] Mit den bei diesem Brauch verwendeten Scheiben waren die teilweise sternförmig ausgezackten[177] und in der Mitte mit einem Loch versehenen kleinen Holzscheiben gemeint, die im Feuer geglüht und unter Segens- oder Rügesprüchen mit langen Stangen über ein Brett abgeschlagen wurden.[178] In einem Ratsruf des Jahres 1450 stossen wir auf die Stelle «fur ze werffen» («Feuer zu werfen»)[179], bei welcher es sich ebenfalls um das Scheibenschlagen handeln dürfte, obwohl die Scheibe nicht ausdrücklich erwähnt wird. Das Scheibenschlagen oder *Reedlispränge* wird in Biel-Benken BL seit dem Mittelalter kontinuierlich am Sonntag nach Aschermittwoch (Invocavit), also an der alten Fasnacht, praktiziert.[180]

Das Scheibenschlagen ist nicht nur in Basel nachweisbar, sondern auch in Süd- und Südwestdeutschland, und kann dort in den Quellen bis ins 11. Jahrhundert zurückverfolgt werden, als das Benediktinerkloster Lorsch durch eine verirrte Scheibe in Brand geriet und grösstenteils niederbrannte.[181] Wenn man dem Scheibenschlagen auf den Grund gehen will, muss man sich den Brauch in seiner heutigen Form, der sich vermutlich kaum von dem älterer Zeiten unterscheidet, ansehen. In Süddeutschland wird dieser Brauch im Schwarzwald sehr häufig ausgeübt. In der Zeit vor Invocavit stellen die jungen Männer die kleinen Holzscheiben her, die eine Seitenlänge von etwa zehn bis fünfzehn Zentimetern und in der Mitte ein Loch haben, um sich dann am Vorabend des eigentlichen Scheibenschlagens zusammenzusetzen und die Verse, die beim Abschlagen der Scheiben gesprochen werden, zu dichten. Das Kernstück des Brauchtums besteht nämlich darin, dass jede Scheibe für eine ganz bestimmte Person geschlagen wird, auf welche dann auch der Vers zutreffen muss. Dabei kann es sich sowohl um einen Segensspruch wie auch um einen Spottvers handeln, worauf auch die Bezeichnungen *Ehrenscheibe* und *Schimpfscheibe* im Allgäu hinweisen. In Kirchzarten wird vor dem eigentlichen Ereignis eine Andacht abgehalten, dann wandern die Burschen dreimal um den Holzstoss, wobei sie Gebete sprechen wie «Heilige Mutter Gottes, bitte für uns jetzt und in der Stunde unseres Todes», das Vaterunser, ein Ave Maria oder ähnliches.[182]

Da sich die Fasnachtsforschung bisher nicht sehr mit dem Inhalt und dem Ursprung des Scheibenschlagens befasst hat, sind die Meinungen dazu eher dünn gesät. D.-R. Moser sieht dieses Brauchtum im Zusammenhang mit der Reinigung des Menschen vor der Fastenzeit. Jedes Holzstück stelle im Prinzip einen individuellen Menschen dar, der durch das Feuer gereinigt in die Fastenzeit bzw. in ein neues, geläutertes Leben eintreten könne. Wie er jedoch den Flug des brennenden Holzstückes interpretiert, nämlich als das Leben ebendieses Menschen, der je nachdem fallen oder emporsteigen könne, scheint fragwürdig.[183] Dagegen scheint die Erklärung von Paul Sartori eher sinnvoll zu sein, dass es sich bei dem Ganzen um eine Art Fruchtbarkeitsbeschwörung handle, was er mit verschiedenen Beispielen zu untermauern sucht.[184] Auf jeden Fall scheint es sich beim Scheibenschlagen um einen Brauch zu handeln, der in der Zeit weit zurückreicht. Viele vorchristliche Bräuche sind durch das Christentum überformt worden und entwickelten sich so, dass sie inhaltlich nicht mehr sicher gedeutet werden können. Auch beim Scheibenschlagen handelt es sich wohl um eine Mischung von heidnischen Elementen (Feuer) und christlichen Elementen (Segens- und Rügeverse), die sich im Lauf der Zeit zu einem eigenen Brauchtum zusammengefunden haben.

In Verbindung mit Feuerbräuchen stossen wir in den Quellen auch immer wieder auf Lärmelemente. Dies hängt wohl damit zusammen, dass sowohl die Feuer- wie auch die Lärmbräuche in der Anschauung des Volkes als Abwehrmittel gegen böse Geister galten.[185] So werden zum Beispiel in einem Ratsruf aus dem Jahre 1450 Feuer- und Lärmelemente im gleichen genannt: «mengerley grossen geschreyes und unzuchtiges gelouffes juchzendes und geboßeles nachts uff den gaßen umb und umbe getriben werde [...] fur ze werffen und sust mit trummen becken phiffen [...] vil unrüwe und ungemachs zugezogen» ([dass] «mancherlei lautes Geschrei, Gejauchze, Umhergelaufe und Gebochsel nachts auf den Gassen wieder und wieder getrieben werde [...] Feuer zu werfen und sonst mit Trommeln, Becken und Pfeifen [...] viel Unruhe und Unannehmlichkeiten entstehen»).[186] Dass Trommeln, Pfeifen und Büchsenschiessen offenbar eng mit dem Brauch des Fasnachtsfeuers verbunden waren, zeigt auch der Bericht des Pfarrers von Rothenfluh BL über ein nicht eingehaltenes Mandat aus dem Jahr 1599: «Fastnacht Mandat werd nit gehalten, seyen mit Trommen vnd Pfeiffen auch büchsen vff den berg zogen, als wann sie dz Fastnacht feuhr wolten zu bereithen» («Das Fasnachtsmandat werde nicht eingehalten. Sie seien mit Trommeln und Pfeifen und Feuerbüchsen auf den Berg gezogen, als ob sie ein Fasnachtsfeuer zubereiten wollten»)[187], sowie zwei Sissacher Berichte aus den Jahren 1605 und 1606: «haben über verbott Fastnacht führ gemacht ahm stutz ein fürigs louffendt radt, mit fackhlen vmbher zogen. Am Hirsz Montag in pumbten kleideren im dorff gelüffen mit Trommen vnd Pfeiffen» («sie haben trotz Verbot

ein Fasnachtsfeuer gemacht, am Hang ein Feuerrad laufen lassen und sind mit Fackeln umhergezogen. Am Hirsmontag in geliehenen Kleidern mit Trommeln und Pfeifen im Dorf umhergelaufen») und «Haben nit gar khönnen die fasznacht spil wider verbott vnderlassen. Ein führ mit straw gemacht, Ein Rad mit strow geflochten angezündt vnd also brennendt lassen den berg herab louffen mit Musceten zum fhür herausz gezogen.» («Sie haben das Fasnachtsspiel trotz Verbot nicht unterlassen können. Sie haben ein Strohfeuer abgebrannt, ein aus Stroh geflochtenes Rad brennend den Berg hinabrollen lassen und sind mit Musketen zum Feuer hinausgezogen.»).[188]

Das in den zwei oben erwähnten Quellen vorkommende Rad aus Stroh, das angezündet und den Berg hinabgerollt wird, ist ein weiteres Element des fasnächtlichen Feuerbrauches, das zum Beispiel auch heute noch in Kirchzarten zum Abschluss des Scheibenschlagens durchgeführt wird.[189] Ob dieser Brauch auch in der Stadt durchgeführt wurde, ist zu bezweifeln; es ist nirgends in den Quellen bezeugt, und man muss sich fragen, ob die räumlichen Verhältnisse es überhaupt zugelassen hätten.

Abb. 23   Dolchscheide mit musizierendem Narr – auf dem Trommelfell tanzen kleine Figuren.

Bankett und Tanz

Der Tanz gehörte so gut zum mittelalterlichen Festbrauchtum wie Essen, Trinken, Wettspiele und Musik. Es gab jedoch bestimmte Termine, an welchen der Tanz von der Obrigkeit auch offiziell erlaubt wurde. Da dies nicht so oft im Jahr der Fall war, wurde zu diesen Zeiten um so exzessiver getanzt, also zur Neujahrszeit, an Ostern, Pfingsten, Kirchweihen oder eben auch an der Fasnacht.[190] Die Kirche schaute oft misstrauisch auf diese Tanzvergnügungen, vor allem als im 14. Jahrhundert der Paartanz aufkam, den sie als unzüchtig und verwerflich ansah.[191] Dass die Befürchtungen der Kirche nicht unbegründet sein konnten, zeigt ein Extrakt aus einem spätmittelalterlichen Fasnachtsspiel, worin der erotische Aspekt des Tanzens deutlich wird:

> «Wer tanzen will von jungen und alten,
> Der sol dreu dink am tanz hie halten:
> Das erst, das er am tanz kain frauen
> Nit heimlich in der hend sol krauen;
> Das ander, das er nit sol werben
> Der leiben ümb die untern kerben;
> Das dritt, das er kainn schiss loss,
> Das in der wirt icht arsposs.»[192]

(«Wer tanzen will, ob jung, ob alt, der muss dabei drei Dinge einhalten: Das erste ist, dass er beim Tanzen keiner Frau heimlich die Hand kraulen soll; das andere ist, dass er nicht die unteren Kerben des Leibes umwerben soll; das dritte ist, dass er keinen Scheiss ablassen soll, damit ihm der Wirt nicht etwa in den Arsch trete.»)

Hier werden in ironischer Weise Regeln für das züchtige Verhalten beim Tanzen aufgestellt, was jedoch das genaue Gegenteil zur Folge gehabt haben dürfte, nämlich, dass das Publikum erst recht auf die erotischen Möglichkeiten beim Tanzen aufmerksam gemacht wurde. Deshalb musste die Obrigkeit Verbote herausgeben, um die Sittlichkeit beim Tanzen wenigstens in einem gewissen Rahmen wahren zu können.

Wie wir oben schon gesehen haben, war die Fasnacht zu Beginn nichts anderes als ein Rechtstermin am Vortag der Quadragesima (vierzigtägige Fastenzeit vor Ostern), aus welchem sich gesellschaftliche Mähler mit Tanz und Wettspielen entwickelten. Vor allem in den Zünften wurde es an der Fasnacht gebräuchlich, auf den Zunftstuben zu essen – vor allem auch Fasnachtshühner[193] –, zu trinken und zu tanzen, was von der Obrigkeit erlaubt war, aber nicht durch Störenfriede behindert werden konnte: **«Wie wol man üch zer nehsten verkündung gegönnet und erloubet hat uff gester an ze vahende in Bökenwise ze gonde die vaßnacht uß So tribent ir**

Abb. 24 Fasnachtstanz auf der Landmatte zu Schwyz.

die fröud so gar schalklich und wüstlich daz wirdig herren und frowen uff ir stuben nit getantzen noch kein rŭwe vor üch gehabent mögent» («An der letzten Bekanntmachung hat man euch erlaubt, an der Fasnacht in Bocksweise umherzugehen. Ihr habt das aber so übertrieben, dass würdige Herren und Frauen auf ihren Stuben nicht haben tanzen können und keine Ruhe vor euch gehabt haben»).[194] Ein sehr interessantes Verbot im Zusammenhang mit diesen Fasnachtsvergnügen der Zünfte ist folgendes: «Item gedenkent den hantwergknechten ze verbieten an der Eschermitwochen nit eynander ze trengen ze zeren und in die Brunnen ze werffen» («Denkt auch daran, den Handwerksgesellen zu verbieten, sich an Aschermittwoch gegenseitig zu bedrängen, zu zerren und in die Brunnen zu werfen»).[195] Obwohl diese Fasnachtszunftessen freiwillig waren, sahen das die Gesellen oftmals nicht so und zwangen ihre Zunftkameraden zum Mitmachen, was Verbote zur Folge hatte, wie z.B.

Abb. 25 Festgelage mit Fressen, Saufen und Tanzen.
Fasnächtliches Detail: Narr am rechten Bildrand.

Abb. 26 Bauerntanz. Detail vom Holbeinbrunnen in der Spalenvorstadt (16. Jh.).

Abb. 27 Küferumzug.

1488: «dz vff der Eschermittwochen tag weder meister knecht noch nyemand wer der sye gezwungen noch darzu gehallten werden sölle vff dem tag müssen vff siner zunfft oder gesellschaft zeren oder gan zu dem win, und nyemand me in den brunnen getragen werden, sondern allmengklich fry sin, daheymen wellen sin oder dahin ze gan.» («dass am Aschermittwoch weder Meister, Knecht noch sonst jemand, wer es auch sei, gezwungen werden soll, an diesem Tag bei seiner Zunft oder Gesellschaft zu essen oder Wein zu trinken, und niemand mehr in den Brunnen geworfen werden soll, sondern jederman frei sein, daheim zu bleiben oder dahin zu gehen.»)[196] Dass diese obrigkeitlichen Verbote nicht fruchteten, zeigt die Tatsache, dass zwischen den beiden eben zitierten Quellen fast fünfzig Jahre liegen! Aber nicht nur in Basel mussten Verbote zu diesem Thema erlassen werden, sondern auch in Zürich 1527: «soliches abzuostellen gebietend und verbietend an 1 Pfd. und 5 s. buoss unsere Herren klein und gross RR., dass jetz uf das nüw jar, den bärchteltag und die äschenmittwuchen gar niemans, jung nach alt, den andern solle fachen, laden oder uf die stuben und zunft erfordern, sonders ein jeder sinen frygen zug haben, daheimen zuo sind, oder zuo inen ze gand nach sinem gfallen.» («um zu unterbinden, dass an Neujahr, am Berchtoldstag und am Aschermittwoch niemand, sei er jung oder alt, andere fange, auf die Zunftstuben zwinge, sondern jeder seinen freien Willen habe, daheim zu bleiben oder zu ihnen zu gehen nach seinem Gefallen, verhängen unsere Herren des kleinen und grossen Rates eine Strafe von 1 Pfund und 5 Schillingen.»)[197] Das Zürcher Verbot geht sogar noch über das hinaus, was in Basel nicht erlaubt war, und verbietet dieses Verhalten auch an anderen Daten.

Doch kommen wir nochmals zurück zum Tanz. Die Verbote gegen das Tanzen bezogen sich im allgemeinen auf unschickliches Tanzen: «unzüchtig tentze» («unzüchtige Tänze»)[198], auf Tanzen auf offener Strasse: «die täntz so uff offener gassen»[199] und auf das Tanzen an nicht erlaubten Daten.[200] Das Tanzen auf den Stuben war normalerweise erlaubt gewesen, wenn es dabei sittlich zuging, aber es gab auch hier Ausnahmen. Als das Konzil in Basel tagte, liess der Protektor Herzog Wilhelm von Bayern 1435 auf Verlangen des Basler Konzils das Tanzen zur Fasnachtszeit untersagen, was bei der weiblichen Bevölkerung grosse Empörung und Proteste auslöste: «wäre unser Herr der Kaiser selbst hier [er hätte] uns unsere Freude nicht verdorben; aber weil der Herzog selbst keine Freude hat und nicht zu uns gehen mag, so will er sie uns auch nicht gönnen.»[201] Schliesslich hielt man sich nicht an das Verbot und tanzte im heimlichen! Auch die Verbote, im Freien zu tanzen, wurden von der Bevölkerung offenbar nicht ernst genommen, und man vergnügte sich weiterhin auch draussen, wie eine Quelle von 1568 zeigt: «**mit iren bim vasnacht für tantzet**» («mit ihr beim Fasnachtsfeuer getanzt»).[202] Das Datum dieser Quelle macht klar, dass das Tanzen auch nach der Reformation von der Obrigkeit nicht abgeschafft werden konnte, was auch von einem Vorfall 1532 bestätigt wird. Mitten in der Nacht tanzte eine Gruppe von 15 Zunftangehörigen, begleitet von einem Pfeifer, halb- oder ganz nackt auf einer Zunftstube, auf dem Marktplatz und in den Strassen.[203]

Man wird sich heute wohl fragen, aus welchem Grund man das Tanzen damals überhaupt verboten hat, denn es ist in dem Sinn ja nichts Gefährliches dabei … Oder? Die Obrigkeit im Mittelalter hatte dennoch Gründe, dem Tanzen mit einem gewissen Misstrauen gegenüberzustehen. Wie oben gesehen, war die Wahrung der Sittlichkeit eine Sache, die mit dem Tanzen gefährdet und auf deren Einhaltung grösster Wert gelegt wurde. Tanzveranstaltungen, an denen meistens eine grössere Menge Leute beteiligt waren, bargen auch ein gewisses Gewaltpotential, da es schnell einmal zu Streitigkeiten kommen und das Tanzvergnügen ausarten konnte.[204] Auch andere Gründe könnten hier noch angeführt werden, jedoch haben wir mit der Wahrung der Sittlichkeit und dem Vorbeugen von Gewalt wohl die zwei Hauptgründe für die Verbote an der Fasnacht aufgezeigt.[205]

Für Basel ist aber auch noch eine ganz andere Art des Tanzens für die Fasnacht belegt, der sogenannte *Küfertanz*, welcher am Aschermittwoch von den Küferknechten aufgeführt wurde. Ursprünglich hielten die Küfer nur einen Umzug ab, der dann später um den Tanz erweitert wurde. Der erste sichere Beleg für den Küfertanz in Basel datiert aus dem Jahr 1688; die Umzüge gehen vermutlich aber bis ins 15. Jahrhundert zurück. Der Sinn des Küferumzugs war es, die Freude über das gut ausgefallene Geschäft zu feiern, was eventuell auch aus ökonomischen Gründen, wie wir es oben auch schon bei den Hochzeiten gesehen haben, in die Fasnachtzeit gelegt worden war. Der Tanz der Küfer ist aber nicht nur für Basel belegt, sondern auch für Bern, Genf und verschiedene Städte in Deutschland und Österreich. Umzüge in der Art des Küferumzugs sind im Mittelalter nichts Ungewöhnliches und auch für andere Berufsgattungen belegt, wie zum Beispiel die Metzgerumzüge von Zürich oder Nürnberg illustrieren. Die meisten dieser Umzüge enthielten ein militärisches Element, was darauf zurückzuführen ist, dass es sich im Ursprung um Waffenmusterungsumzüge der einzelnen Zünfte gehandelt hat.[206]

Fasnachtsturnier

Turniere sind in Basel seit der zweiten Hälfte des 13. Jahrhunderts belegt. Die Voraussetzungen für das ritterlich-höfische Leben, zu welchem unter anderem das Turnier gehörte, wurden durch verschiedene äussere Umstände geschaffen. Der Landadel liess sich vermehrt in der Stadt nieder, um dem Machtzentrum des Bischofssitzes näher zu sein, und brachte dadurch seine Lebensformen in die Rheinstadt mit, namentlich die brauchtümliche Adelsfehde. Auch der Aufstieg des Achtburgerstandes in den Adel spielte eine Rolle. Dadurch waren die Grundlagen für ein ritterlich-höfisches Leben geschaffen.[207] Bei Festen im Mittelalter hatten verschiedenste Spiele und Wettkämpfe ihren festen Platz, und das Turnier gehörte bei bedeutenden Feierlichkeiten der adligen Kreise einfach dazu.[208] Es ist deshalb nicht weiter erstaunlich zu erfahren, dass auch an der Fasnacht ritterliche Turniere abgehalten wurden. Auch hier ist der Termin eher zufällig und kann historisch in irgendeiner Weise speziell mit der Fasnacht in Zusammenhang gebracht werden. Unter anderem waren der erste und zweite Fastensonntag (Invocavit und Reminiscere) beliebte Termine für Turniere.[209]

Abb. 28 Bauernturnier, das ritterliche Turnier parodierend.

Abb. 29 Ausschnitt aus *Der Streit des Karnevals mit den Fasten* – Prinz Karneval wird von Vermummten begleitet.

An der Fasnacht sind Turniere in Basel seit dem 14. Jahrhundert belegt, wie auch die *Böse Fasnacht* von 1376 bestätigt. Nach der Reformation finden wir in den Quellen keine Einträge zu Turnieren mehr.

In der Folgezeit wurden die ritterlichen Turniere durch Parodien abgelöst. In den sogenannten Gesellen-, Kübel- und Bauernstechen stellte das Bürger- und Bauerntum nun die Akteure, und nicht mehr der Adel. Auch das Pferd spielte bei diesen Kämpfen keine Rolle mehr; Steckenpferde, Esel und Ziegenböcke mussten als Reittiere für die Streitenden herhalten. Die ritterliche Rüstung und Bewaffnung wurde ersetzt durch Strohzöpfe, die als Schlagwaffen dienten, Speckschwarten und Lebkuchen anstelle von Schilden und Kücheneimer als Helme.[210] Diese Verballhornungen der fasnächtlichen Turniere des Adels entwickelten sich besonders in Italien, Frankreich und den Niederlanden des 15. Jahrhunderts zu allegorischen Kämpfen zwischen der Fasnacht und der Fastenzeit, wie wir es auch auf dem berühmten Gemälde «Kampf der Fastnacht mit den Fasten» von Pieter Bruegel d.Ä. sehen können.[211]

Das wohl bekannteste fasnächtliche Turnier des Mittelalters in Basel fand 1376 statt, die sogenannte *Böse Fasnacht*.[212] Zu dieser Zeit weilte Herzog Leopold von Österreich in der Stadt und feierte mit seinen Gefolgsleuten im Eptingerhof an der Rittergasse, in unmittelbarer Nähe des Münsterplatzes, wo das ritterliche Turnier zum Abschluss der fasnächtlichen Feierlichkeiten am Dienstag vor Aschermittwoch statt-

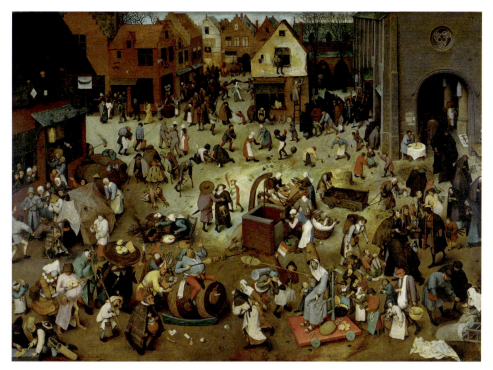

Abb. 30 *Der Streit des Karnevals mit den Fasten* (1559).

fand: «**als man uff der Burg stach**» («als man auf dem Münsterplatz ein Turnier abhielt»)²¹³. Während des Turnieres flogen plötzlich Speere in die Zuschauer und verursachten einen Tumult, der schliesslich in blutigen Auseinandersetzungen zwischen Bürgern und Edelleuten endete und mehrere Todesopfer forderte. In der Folge wurden zwölf Basler Bürger hingerichtet, und auf Betreiben von Herzog Leopold wurde die Reichsacht über die Stadt verhängt.²¹⁴

Nach dem traumatischen Erlebnis der Bösen Fasnacht wurden in Basel lange keine Turniere mehr abgehalten, was sich im Dezember 1428 änderte, als der Spanier Juan de Merlo und Heinrich von Ramstein im Zweikampf auf dem Münsterplatz gegeneinander antraten. Dabei wurden strenge Vorsichtsmassnahmen getroffen mit Absperrungen, «**zwivaltige Schranken**» («mehrfache Absperrungen») in der ganzen Stadt, Verstärkung der Wachen auf den Stadttoren, wie auch dem Verbot, sich zu verkleiden: «**es soll ouch niemand in Bögken wise gan noch dhein man sich verwandeln jn wibe kleider noch dhein wib in manne kleider**» («es soll auch niemand in Bocksweise umhergehen oder Frauen in Männerkleidern und Männer in Frauenkleidern»)²¹⁵, da darin auch wieder mögliche Gefahren für die Sicherheit bestehen konnten. Dieses Kampfspiel wurde, gemäss den Kampfbedingungen, die Juan de Merlo stellte, offenbar zu Fuss ausgetragen.²¹⁶ Die sonstigen Turniere waren meistens Tjost (Zweikampf zu Fuss oder zu Pferd) oder Turnei (Massenkampf).²¹⁷

Abb. 31   Ein Turnier von 1480. Narren übernehmen die Aufgaben von Herold, Musikanten und Knappen.

Das Auftreten von Maskengestalten an Turnieren ist wohl hauptsächlich dadurch zu erklären, dass solche Wettkämpfe oft zu Maskenzeiten durchgeführt wurden, wie es auch Quellen aus der Basler Konzilszeit zeigen. Der venezianische Gesandte Andrea Cattaro von Padua verzeichnete allein in den drei Jahren seiner Anwesenheit in der Rheinstadt vier Turniertermine, welche zu typischen Maskenzeiten stattfanden: 20. sowie 30. Dezember, Dreikönigstag und einen auch an der Fasnacht: «Um euch die Sache bekannter zu machen, bemerke ich, dass die Gemeinde Basel auf dem Domplatz eine Abschrankung machen liess, und auf einer Seite derselben einen um drei Fuss erhöhten Boden, auf welchem 400 vom Kopf bis zum Fuss gewaffnete Männer standen, und so standen sie zwei Tage. Das geschah wegen zweier Turniere, die am Montag und Dienstag der Fastnacht stattfanden, an welchen je 30 Kämpfer teilnahmen, lauter Ritter und grosse Herren, alle wohl ausgerüstet, die einen mit Tuch, die andern mit Taffet, die dritten mit Sammet angethan. Als die Turniere vorbei waren, gingen die, welche bewaffnet dabei aufgestellt gewesen waren, alle in das Gemeindehaus, um eine Mahlzeit einzunehmen, und

am Abend gingen die Frauen, welche dem Feste zugesehen hatten, in das genannte Haus zum Nachtessen, und nach dem Essen wurde getanzt bis an den Morgen.»[218] Wie auch schon beim Turnier von 1428 wurde 1434 die Sicherheit grossgeschrieben, was die 400 Bewaffneten verdeutlichen.

Von der Seite der Konzilsspitze hatte es aber auch Bedenken in Hinblick auf diese Veranstaltungen gegeben, was aus Cattaros Aufzeichnungen zu den Turnieren vom Dezember 1433 hervorgeht: «Als das Concil vernahm, dass die Barone sich bereit machten, zum Turnier zu gehen, und dass viele andere hingehen wollten, um zuzuschauen, liessen sie sagen, man sollte es nicht thun.»[219] Auch die städtische Obrigkeit hatte wahrscheinlich Bedenken wegen der Turniere, duldete sie aber. Jedoch verboten sie jegliche weitere Handlungen, die zu Unruhen hätten führen können, wie eben die fasnächtlichen Bräuche: «dz niemand jn Böcken wise noch in Göler wise oder in tüfels hüten louffen sölle noch sich verendere jn dhein wise noch wege mit den kleidern Es soll ouch niemand bosseln denn sich yederman zuchtlichen halten..dis heilige hochzit (= Weihnachten) und ouch darnach über die vaßnacht

Es soll ouch niemand umb würste singen noch umb geld noch dheine ander gogkenspiel machen noch für nemen..Wer..in sollicher wise funden wirt nu oder harnach ist bestelt daz man denselben solich narrenspil abezerren sol und müs ouch derselbe und alle die mit jm gand und darzü dienent 1 Monat vor den crützen leisten..» («dass niemand in Bocks- oder Narrenweise noch in Teufelshäuten umherlaufen soll, noch sich in sonst einer Weise verkleiden soll. Es soll auch niemand bochseln, sondern sich züchtig verhalten … diese Weihnacht und auch später an der Fasnacht. Es soll auch niemand um Würste noch Geld singen, noch Narrenspiele aufführen oder planen … Wer … jetzt oder später in solcher Weise angetroffen wird, dem soll man die Maske abzerren. Der Schuldige und alle, die mit ihm unterwegs sind, werden für einen Monat aus der Stadt verbannt …»)[220]. Bei Nichteinhaltung wurde man also zur Rechenschaft gezogen und für einen Monat aus der Stadt verbannt, was mit *vor den crützen leisten* gemeint ist.[221] Die Höhe dieser Strafe, die so nirgendwo vorher angedroht wird, macht klar, wie wichtig es der städtischen Obrigkeit gewesen sein muss, dass das Konzil in keiner Weise gestört wurde.

Zusammenfassung

Wie wir gesehen haben, ist die Fasnacht nicht irgendwann «erfunden» worden, sondern beruht auf dem Zusammenwachsen unterschiedlicher Traditionen verschiedenen Alters und verschiedener Herkunft, was teilweise auch zu falschen Interpretationen über Sinn und Ursprung der Fasnacht geführt hat. Die Grundelemente der vorreformatorischen Fasnacht waren wie bei jedem mittelalterlichen Fest das Essen, Trinken und Tanzen. Von der Mitte des 13. bis zum Ende des 15. Jahrhunderts spielte auch das Fasnachtsturnier eine wichtige Rolle in Basel. Die eigentliche Entwicklung der städtischen Fasnacht und des damit verbundenen Brauchtums begann aber im Verlauf des 14. und 15. Jahrhunderts. Die Palette der Bräuche wurde breiter und reichte von den Maskenbräuchen und ihren Elementen über Feuer- zu Lärmbräuchen.

Vor der Reformation	Nach der Reformation
Fasnachtsturnier (Ca. Mitte 13.–15. Jahrhundert)	–
Fasnachtsspiel (Ab Mitte 15. Jahrhundert)	*Fasnachtsspiel* (Bis Mitte 16. Jahrhundert)
Brunnenwerfen (Aschermittwoch)	*Brunnenwerfen* (Aschermittwoch)
Bochseln	*Bochseln* (Heischen fehlt hier)
Wurstsingen	–
– (Fasnachtsküechli belegt)	*Küechliholen*
Fasnachtsfeuer	*Fasnachtsfeuer*
Scheibenschlagen	–

Abb. 32 Dudelsackpfeifer vom Brunnenstock des Holbeinbrunnens – auch Sackpfeiferbrunnen genannt (16. Jh.).

Vor der Reformation	Nach der Reformation
–	*Feuerrad* (Nur noch für die Basler Landschaft belegt)
Fackeln	– (Nur noch für die Basler Landschaft belegt)
Trommeln und Pfeifen	*Trommeln und Pfeifen* (Hauptsächlich auf der Basler Landschaft)
Lärm allgemein (Geschrei etc.)	*Lärm allgemein* (Geschrei etc.)
Berämen	*Berämen*
Mit Aschesäcken schlagen	–
Kleidertausch Mann/Frau	*Kleidertausch Mann/Frau*
Teufel (Ab Anfang 15. Jahrhundert)	–
Narr (Ab Anfang 15. Jahrhundert)	–
Wilder Mann (Ab 15. Jahrhundert)	– (Nur für *Vogel Gryff* belegt)
In Meyers wise (Ab Anfang 16. Jahrhundert)	*In Meyers wise*
–	*Gutzgyr & Weibel-Weib* (Nur für Baselland belegt)
–	*Küfertanz* (Aschermittwoch) (Bis ca. 1792)

Der Vergleich der Bräuche vor und nach der Reformation zeigt, dass sich im Grunde nicht sehr viel geändert hat. Die Fasnacht wurde trotz des Konfessionswechsels weiterhin gefeiert, auch wenn die Obrigkeit immer wieder versuchte, sie zu verbieten. Das Brauchtum veränderte sich nicht sehr, obwohl einige Elemente verschwanden und dafür neue auftauchten. Ein Spezialfall war die Basler Fasnacht vor der Reformation also nicht, jedoch handelte es sich bei dieser Festivität um ein sehr komplexes Gebilde, das durch die verschiedensten Einflüsse zu einem vielfältigen und bunten Brauchtum wurde, welches nicht mehr aus dem Basler Festleben wegzudenken war.

Abb. 33 Standesscheibe mit Wildmännern im Rathaus Basel (1514–1519).

Ausblick auf die weitere Entwicklung der Basler Fasnacht

Die Basler Fasnacht, wie wir sie heute kennen, beruht auf einer modernen Entwicklung. Diese begann im Jahr 1540, als am Montag nach der alten Fasnacht (16. Februar) eine militärische Musterung durchgeführt wurde. Musterungen waren allgemein übliche, alljährlich wiederkehrende Veranstaltungen, an denen die persönliche militärische Ausrüstung wie Harnische, Spiesse, Hellebarden und Schusswaffen durch Vertreter der Obrigkeit inspiziert wurden. Im Vorfeld gab es einige Meinungsverschiedenheiten, in welchem Rahmen die Musterung ablaufen sollte – ob alle Wehrpflichtigen gleichzeitig an einem Ort gemustert werden müssten oder getrennt nach Zünften bzw. Kleinbasler Ehrengesellschaften. Schliesslich entschied man sich für die zweite Variante. Nach der Inspektion zogen die Zünfte und Ehrengesellschaften mit ihren Fahnen und Zeichen durch die Stadt, und da Fasnachtszeit war, setzte man die Veranstaltung fort und feierte ausgiebig und fröhlich noch weitere acht Tage durch.[222] Mit den «Zeichen» waren Maskenfiguren gemeint; die Schildhalter der Wappen oder Figuren, die den Namen der Zunft bzw. der Ehrengesellschaft leibhaftig darstellten.[223] So verband sich in Basel die Tradition des Fasnachtstreibens mit der obrigkeitlichen Veranstaltung der militärischen Musterungen, woher sich auch das fasnächtliche Trommeln und Pfeifen erklärt. Folgende Quelle aus dem 16. Jahrhundert illustriert diesen Sachverhalt: «Einmal im Jahr pflegen sie [die Vorstadtgesellschaften] mit einander und mit andern Ga(e)sten freundschaftlich zu essen, und an der Fassnacht, wenn der Rath es nicht verbietet, stellen sie sogenannte Umzu(e)ge an. Dort wird das Wappen der Gesellschaft in lebendiger Gestalt, masquiert oder verstellt, in der Stadt herum begleitet. Einige mit der alten Schweizertracht sind die Begleiter. Dann folgen junge Knaben mit Trommeln und Gewehren, und mit der Fahne der Gesellschaft. Endlich Kinder von beiderley Geschlecht in allerley Kleidungsarten schliessen den frohlockenden Tross.»[224] Nach und nach verschwanden die Erwachsenen aus den Umzügen, wohl wegen der obrigkeitlichen Verbote, und am Ende des 18. Jahrhunderts scheinen nur noch Kinder daran teilgenommen zu haben.[225] Nur in Kleinbasel konnte sich die Tradition der herumziehenden Ehrengesellschaften behaupten, woraus sich das heutige Fest des «Vogel Gryff» entwickelte.[226]

Gegen Ende des 18. Jahrhunderts schränkte die Obrigkeit das fasnächtliche Umzugswesen immer mehr ein, und 1798 – im Gründungsjahr der Helvetischen Republik – wurde es gänzlich untersagt. Zu Beginn des 19. Jahrhunderts wurden die Umzüge wieder erlaubt, blieben aber auf Knaben beschränkt. Seit 1820 fing man wieder an, Umzüge in grösserem Rahmen zu veranstalten, welche als Frühform der heutigen Strassenfasnacht gelten können.[227]

Anmerkungen

1 Cysat, Renward, Collectanea Chronica und denkwürdige Sachen Pro Chronica Lucernensi et Helvetiae, Erste Abteilung Stadt und Kanton Luzern, Erster Band, Zweiter Teil, Luzern 1969, S. 718.
2 Grimm, Jakob und Wilhelm, Deutsches Wörterbuch, Band III, Leipzig 1862, Sp. 1353–1355. Im Folgenden zitiert als: Grimm Deutsches Wörterbuch.
3 Lexikon des Mittelalters, Band IV, München/Zürich 1989, Sp. 313.
4 Wolfram von Eschenbach, Parzival, VIII. Buch, 409, Verse 5–11, Studienausgabe, Berlin/New York 1999.
5 Panizza, Silvio (Hg.), Faszination Lozärner Fasnacht. Geschichte – Zünfte – Umzug – Fasnachtsbälle, Band II, Luzern 1989, S. 11. Im Folgenden zitiert als: Panizza II 1989.
6 Grimm Deutsches Wörterbuch, Sp. 1353–1354.
7 Zitiert nach: Moser, Hans, Fasnacht, Fassnacht, Faschang, S. 433–453, in: Schweizerisches Archiv für Volkskunde 68/69, Basel 1972/73, S. 437–438.
8 vasnach (1466)
vasnacht (1418, im gleichen Text auch noch vaßnacht/1423/1448/1476/1521/1529/1533/1538/1539/1541/1540/1568)
vaßnacht (1424/1432/1433/1436/1445/1449/1500/1515)
vassnacht (1525)
vastnacht (1451)
vasznacht (1469/1532/1540/1543/1546/1554)
fasnacht (1448/1543, im gleichen Text auch noch vasnacht/1545/1642)
faßnacht (1553/1611/1613)
fassnacht (1526/1576/1592/1598/1603/1605/1637/1642/1645/1646/1647/1660/1668/1675)
fastnacht (1600/1601/1603/1606/1646/1658)
fasznacht (1511/1541/1602, im gleichen Text auch noch Fastnacht/1605/1606)
Fassnacht (1638/1646/1661/1663/1696/1701)
Fastnacht (1599/1600/1601/1602/1605/1607/1612/1613/1668/1749)
Fastnachten (1751)
Fasznacht (1548/1572/1606/1616/1619/1736/1757/1760/1774)
Fassznacht (1737/1766, im gleichen Text auch noch Fasznacht)
Faasznacht (1620, im gleichen Text auch noch Faaßnacht).
9 Mezger, Werner, Narrenidee und Fastnachtsbrauch. Studien zum Fortleben des Mittelalters in der europäischen Festkultur, Konstanz 1991, S. 10. Im Folgenden zitiert als: Mezger 1991. Zu den Thesen von Höfler und Stumpfl siehe: Höfler, Otto, Kultische Geheimbünde der Germanen, Band 1, Frankfurt 1934; Höfler, Otto, Das germanische Kontinuitätsproblem, Hamburg 1937; Stumpfl, Robert, Der Ursprung des Fastnachtsspiels und die kultischen Männerbünde der Germanen, S. 286–297, in: Zeitschrift für Deutschkunde 48/1934; Stumpfl, Robert, Kultspiele der Germanen als Ursprung des mittelalterlichen Dramas, Berlin 1936.
10 Mezger 1991, S. 10.
11 Zitiert nach: Moser, Dietz-Rüdiger, Nationalsozialistische Fastnachtsdeutung. Die Bestreitung der Christlichkeit des Fastnachtsfestes als zeitgeschichtliches Phänomen, S. 200–219, in: Zeitschrift für Volkskunde, 78. Jahrgang, Stuttgart/Berlin/Köln/Mainz 1982, S. 206.
12 Moser, D.-R. 1982, S. 205–206.
13 Röllin, Werner, Fasnachtsforschung in der Schweiz, S. 203–226, in: Jahrbuch für Volkskunde, Neue Folge 8, Würzburg/Innsbruck/Fribourg 1985, S. 203. Im Folgenden zitiert als: Röllin 1985.
14 Hoffmann-Krayer, Eduard, Feste und Bräuche des Schweizervolkes, Zürich 1992, Nachdruck der Ausgabe 1940, S. 111. Im Folgenden zitiert als: Hoffmann-Krayer 1992.

15 Meuli, Karl, Der Ursprung der Fastnacht, in: Sonderdruck aus Antaios, Aliade, Mircea, Jünger, Ernst (Hg.), Band XI, No. 2, Stuttgart 1969, S. 166. Im Folgenden zitiert als: Meuli 1969.
16 Meuli 1969, S. 177–178.
17 Röllin 1985, S. 204.
18 Siehe dazu: Bärtsch, Albert, Holzmasken. Fasnachts- und Maskenbrauch in der Schweiz, in Süddeutschland und Österreich, Aarau 1993, S. 31–32. Im Folgenden zitiert als: Bärtsch 1993.
19 Moser, Hans, Städtische Fasnacht des Mittelalters, S. 135–202, in: Masken zwischen Spiel und Ernst. Beiträge des Tübinger Arbeitskreises für Fasnachtsforschung, 18. Band, Tübingen 1967, S. 140–141. Im Folgenden zitiert als: Moser 1967.
20 Warum Moser jedoch angesichts der Berichte, die er selber anführt, von der «feierlichen Begehung des carnispriviums» in mittelalterlichen Klöstern noch von einem weltlichen Fest sprechen kann, ist schleierhaft. Siehe dazu: Moser, D.-R. 1982, S. 203.
21 Bärtsch 1993, S. 32.
22 Moser, Dietz-Rüdiger, Perikopenforschung und Volkskunde, S. 7–52, in: Jahrbuch für Volkskunde, Neue Folge 6/1983, S. 9–10.
23 Koelner spricht insbesondere aus dem Blickwinkel der Basler Fasnacht, wie er sie aus eigener Erfahrung kennt, was jedoch gefährlich ist, da die Basler Fasnacht in der angesprochenen Zeit, wie auch heute noch, im Grunde nicht sehr viel mit der mittelalterlichen Fasnacht zu tun hat. Die Fasnacht, wie wir sie heute in Basel feiern, entstand erst am Anfang des 18. und im Verlauf des 19. Jahrhunderts. Siehe dazu auch: Trümpy, Hans, Zur Geschichte der Basler Fasnacht, S. 17–23, in: Heman, Peter (Verleger), Unsere Fasnacht, Basel 1971, S. 19. Im Folgenden zitiert als: Trümpy 1971.
24 Koelner, Paul, Basler Fastnacht, S. 19–44, in: Fasnachtscomité (Hg.), D' Basler Fasnacht, Basel 1946, S. 19.
25 Mezger 1991, S. 11–12.
26 Zitiert nach: Mezger 1991, S. 12.
27 Siehe dazu: Bausinger, Hermann, Für eine komplexere Fastnachtstheorie, S. 101–106, in: Jahrbuch für Volkskunde, Neue Folge 6, Würzburg / Innsbruck / Fribourg 1983, S. 101ff. Im Folgenden zitiert als: Bausinger 1983.
28 Bausinger 1983, S. 106.
29 Ausnahmen bei der Einhaltung der Fastengebote wurden bei Kranken, schwangeren Frauen, Ammen, Armen, Kleinkindern und alten Leuten gemacht. Laurioux, Bruno, Tafelfreuden im Mittelalter. Die Esskultur der Ritter, Bürger und Bauersleut, Stuttgart/Zürich 1992, S. 10.
30 Moser 1967, S. 140–141.
31 Panizza II 1989, S. 19.
32 Mezger 1991, S. 490–492.
33 Mezger 1991, S. 493.
34 Mezger 1991, S. 494.
35 Röllin 1985, S. 205.
36 UBB, 1. Band, S. 101–102, Urkunde 146, Zeile 6.
37 Im Mittelalter gab es eine Vierteilung des Jahres, die *fronfasten:* Mittwoch bis Samstag nach Invocavit, nach Pfingsten, nach Kreuzerhöhung (14. September) und nach Lucie (13. Dezember). Grotefend, Hermann, Taschenbuch der Zeitrechnung des deutschen Mittelalters und der Neuzeit, Hannover 1971, S. 16.
38 UBB, 2. Band, S. 276, Urkunde 486, Zeilen 32–33.
39 UBB, 3. Band, S. 15, Urkunde 28, Zeile 10.
40 Siehe dazu zum Beispiel: Egli, Emil (Hg.), Actensammlung zur Geschichte der Zürcher Reformation in den Jahren 1519–1533, Zürich 1879, S. 525, 533. Im Folgenden zitiert als: Actensammlung der Zürcher Reformation.
41 UBB, 3. Band, S. 297, Urkunde 540, Zeilen 3–4.
42 Moser 1967, S. 141.
43 Moser, Dietz-Rüdiger, Elf Thesen zur Fastnacht, S. 75–77, in: Jahrbuch für Volkskunde, Neue Folge 6/1983, S. 76.
44 Mezger 1991, S. 17.
45 Mezger 1991, S. 17.
46 Zitiert nach: Hoffmann-Krayer, Eduard, Die Fastnachtsgebräuche in der Schweiz, S. 134, in: Schweizerisches Archiv für Volkskunde, 1. Jahrgang, Zürich 1897, S. 47–57; 126–142; 177–194; 257–283. Im Folgenden zitiert als Hoffmann-Krayer 1897.
47 Siehe dazu: Meyer, Werner, Hirsebrei und Hellebarde. Auf den Spuren des mittelalter-

lichen Lebens in der Schweiz, Olten 1985, S. 268. Im Folgenden zitiert als: Meyer 1985; Bächtold-Stäubli, Hanns, Hoffmann-Krayer, Eduard (Hg.), Handwörterbuch des deutschen Aberglaubens, Bände 1–10, Berlin/NewYork 2000, Band 5, Stichwort «Maske, Maskereien», Sp. 1821. Im Folgenden zitiert als: HdA.

48 Mit dem Osterzyklus meint man die Fastenzeiten vor Ostern, die Termine für die Feier der Himmelfahrt Christi und der Ausgiessung des Heiligen Geistes zu Pfingsten, für den Trinitatis-Sonntag und das (erst im 13. Jahrhundert eingeführte) Fronleichnamsfest. Vogtherr, Thomas, Zeitrechnung. Von den Sumerern bis zur Swatch, München 2001, S. 64. Im Folgenden zitiert als: Vogtherr 2001.

49 Invocavit heisst der erste Sonntag in der Fastenzeit, während Reminiscere, Oculi, Laetare, Judica und Palmsonntag die weiteren bezeichnen. Die Namen der ersten fünf Fastensonntage gehen auf den Introitus zurück, den Gesang, den die Geistlichen während des Einzugs in die Kirche singen und der auf den jeweiligen theologischen Inhalt der Sonntagsmesse verweist. Vogtherr 2001, S. 65.

50 Bärtsch 1993, S. 26, und Küster, Jürgen, Fastnachtsgebote als Quellen. Zur Interpretation archivalischer Zeugnisse, S. 53–74, in: Jahrbuch für Volkskunde, Neue Folge 6, Würzburg/Innsbruck/Fribourg 1983, S. 11. Im Folgenden zitiert als: Küster 1983. Zur Bauern- und Herrenfasnacht siehe auch: Becker-Huberti, Manfred, Lexikon der Bräuche und Feste, Freiburg i. Br. 2000, S. 102. Im Folgenden zitiert als: Becker-Huberti 2000.

51 Becker-Huberti 2000, S. 102. Eine Quelle von 1436 zeigt zum Beispiel, dass der Aschermittwoch als Beginn der Fastenzeit von den Baslern nicht eingehalten wurde. «Item gedenkent den hantwergknechten ze verbieten an der Eschermitwochen nit eynander ze trengen ze zeren und in die Brunnen ze werffen.» («Denkt auch daran, den Handwerkern zu verbieten, sich an Aschermittwoch gegenseitig zu belästigen, zu zerren und in die Brunnen zu werfen.») SGfV, Historische Quellen, 2346 (1436), Original in: StABS, Rufbuch I, 107r.

52 Trümpy 1971, S. 18.

53 Siehe dazu: HdA, Stichwort «Maske, Maskereien», Sp. 1744ff.

54 Zum Beispiel: SGfV, Historische Quellen, X B 12c, 2374 (1449), Original in: StABS, Rufbuch I, 172v.

55 Zum Beispiel: SGfV, Historische Quellen, X B 12c, 711 (1546), Original in: StABS, Ratsbücher O 8, 2v.

56 Zum Beispiel: SGfV, Historische Quellen, X B 12c, 1677 (1675), Original in: Kirchgemeindearchiv Belp, ChM., Bd. III, V 2.

57 Zum Beispiel: SGfV, Historische Quellen, X B 12c, 2445 (1553), Original in: StABS, Rufbuch III, 12v.

58 Zum Beispiel: SGfV, Historische Quellen, X B 7, 538 (1553), Original in: StABS, Ratsbücher O 9, 49.

59 Zum Beispiel: SGfV, Historische Quellen, X B 12c, 2294 (1418), Original in: StABS, Rufbuch I, 9r oder X B 12c, (2352), Original in: StABS, Rufbuch I, 119v.

60 SGfV, Historische Quellen, X B 12c, 2310 (1420), Original in: StABS, Rufbuch I, 28v.

61 SGfV, Historische Quellen, X B 12c, 2341 (1436), Original in: StABS, Rufbuch I, 106r.

62 Schweizerisches Idiotikon. Wörterbuch der Schweizerdeutschen Sprache, Bände I–XV, Frauenfeld 1881–1999, Bd. IV, 1901, Sp. 1122ff. Im Folgenden zitiert als: Schweizerisches Idiotikon.

63 Siehe dazu: HdA, Stichwort «Maske, Maskereien», Sp. 1845–1849; Bärtsch 1993, S. 15–17; Mezger 1991, S. 24; Meuli, Karl, Schweizer Masken, Zürich 1943, S. 67–73.

64 Siehe dazu: Mezger 1991, S. 116ff.

65 Mezger 1991, S. 23.

66 Siehe dazu: Bernheimer, Richard, Wild Men in the Middle Ages. A Study in Art, Sentiment, and Demonology, Cambridge/USA 1952, S. 1–2, 26. Im Folgenden zitiert als: Bernheimer 1952; HdA, Stichwort «Wilde», Sp. 971; Bärtsch 1993, S. 93–98.

67 Bärtsch 1993, S. 93–98; Bernheimer 1952, S. 21ff.

68 Siehe dazu: Text im Quellenanhang über ein *In Basel abgehaltenes Turnier*.

69 Meyer 1985, S. 283.

70 Siehe dazu: Rapp Buri, Anna, Stucky-Schürer, Monica, Burgundische Tapisserien, München 2001, S. 235; Heinz, Dora, Europäische Wandteppiche – von den Anfängen der Bild-

70 wirkerei bis zum Ende des 16. Jahrhunderts, Braunschweig 1963, S. 131, 133, 136, 137, 140.
71 SGfV, Historische Quellen, X B 12c, 2352 (1433), Original in: StABS, Rufbuch I, 119v.
72 SGfV, Historische Quellen, X B 12c, 2341 (1436), Original in: StABS, Rufbuch I, 106r.
73 SGfV, Historische Quellen, X B 12c, 2374 (1449), Original in: StABS, Rufbuch I, 172v.
74 Schweizerisches Idiotikon, Bd. II, 1885, Sp. 213–215.
75 SGfV, Historische Quellen, X B 12c, 707 (1540), Original in: StABS, Ratsbücher O 6, 72.
76 Siehe dazu zum Beispiel: Bärtsch 1993, S. 99; Mezger 1991, S. 31ff.
77 Mezger 1991, S. 237.
78 Eventuell trägt die Figur auch einen Fuchsschwanz; jedenfalls sieht es so aus, als ob der Gestalt etwas den Rücken hinunterhängt. Der Fuchsschwanz kam im Laufe des 15. Jahrhunderts, zusammen mit dem Hahnenkamm, als weiteres Attribut zur Standardtracht des Narren dazu und symbolisierte im Grunde den Teufel. Mezger 1991, S. 258–281.
79 Mezger 1991, S. 252–255.
80 Dass der Totentanz auch an der Basler Fasnacht ein Thema war, zeigt folgende Quelle von 1531, wo sechs Kleinbasler als Geister durch die Nacht zogen: «Haben zů Nacht … vff der gassen / vil vnd mengerley vnrůw angefangen / Insonderheit in geists wysz / in wyssen kleyderen den Todten tantz getriben / davon ettliche / so das gehört / vnd vom schlaff vffgestanden / vbel erschrokken» («Haben nachts … in den Gassen viel und mancherlei Lärm veranstaltet. Vor allem haben sie wie Geister, in weissen Kleidern, einen Totentanz veranstaltet. Davon erwachten etliche Leute und erschreckten sich sehr.») SGfV, Historische Quellen, XVII C, 725 (1531), Original in: StABS, Ratsbücher O 4, 190.
81 Mezger 1991, S. 419ff.
82 SGfV, Historische Quellen, X B 12c, 2432 (1526), Original in: StABS, Rufbuch II, 75v. Weitere Quellen zum Thema Bauernmaske: 79v (1531) oder 81r (1533).
83 Panizza, Silvio (Hg.), Faszination Lozärner Fasnacht. Brauchtum – Fasnachtskunst, Band III, Luzern 1996, S. 14. Im Folgenden zitiert als: Panizza III 1996.
84 Siehe dazu: Trümpy 1971, S. 20; Haberkern, Eugen, Wallach, Joseph Friedrich, Hilfswörterbuch für Historiker. Mittelalter und Neuzeit, Bern und München 1964, S. 422–423.
85 Zitiert nach: Panizza III 1996, S. 14.
86 Zitiert nach: Panizza III 1996, S. 14.
87 Siehe dazu auch: Küster 1983, S. 55–56.
88 SGfV, Historische Quellen, X B 12c, 2400 (1483), Original in: StABS, Rufbuch II, 20r.
89 SGfV, Historische Quellen, X B 12c, 2428 (1515), Original in: StABS, Rufbuch II, 64v.
90 Siehe dazu: Basler Chroniken, Band V, Leipzig 1895, S. 120ff. Im Folgenden zitiert als: Basler Chroniken.
91 SGfV, Historische Quellen, X B 12c, 709 (1543), Original in: StABS, Ratsbücher O 7, 45v.
92 SGfV, Historische Quellen, X B 12c, 710 (1546), Original in: StABS, Ratsbücher O 7, 131.
93 Bärtsch 1993, S. 12.
94 Hoffmann-Krayer 1897, S. 188–189; Hoffmann-Krayer 1992, S. 116–117.
95 Mit *schönbart* ist eine Larve bzw. Kostümierung gemeint. Altd. *schemebart*. Hoffmann-Krayer 1897, S. 129.
96 SGfV, Historische Quellen, X B 12c, 752 (1599), Original in: StABS, Kirchenarchiv, HH 15. 1, 32.
97 SGfV, Historische Quellen, X B 12c, 752 (1600), Original in StABS, Kirchenarchiv, HH 15. 1, 26v.
98 Siehe dazu: Hoffmann-Krayer 1897, S. 188–189; Hoffmann-Krayer 1992, S. 116–117.
99 Hoffmann-Krayer 1992, S. 117.
100 SGfV, Historische Quellen, X B 12c, 756 (1736), Original in: StABS, Kirchenarchiv, HH 14. 2.
101 Hoffmann-Krayer 1897, S. 189.
102 Mezger 1991, S. 475.
103 Mezger 1991, S. 480.
104 Becker-Huberti 2000, S. 148.
105 Heischen kann auch *betteln* oder *Almosen sammeln* bedeuten, doch im Fall der Fasnacht treffen die Bedeutungen von *fordern, verlangen* und *bitten* eher zu. Siehe dazu: Schweizerisches Idiotikon, Bd. II, 1885, Sp. 1754–1756.
106 Interessant zu erfahren aus dieser Quelle ist ausserdem, dass das Essen und fröhliche, aber gesittete Zusammensein der Zunftbrüder

und ihrer Familien auf den Zunftstuben nicht verboten war. «Doch lassent die bemeldten unser Herren zuo, dass zunftbrüder mit iren wiben und kinden wol die hüener mit einandern uf den stuben essen und guoter dingen sin mögint, also dass inen das nit abgestrickt, sonders in zimlikeit zuo tuond vergunnt sin sölle.» («Unsere Herren erlauben jedoch, dass Zunftbrüder mit ihren Frauen und Kindern in den Zunftstuben die Hühner essen und miteinander in anständiger Weise feiern dürfen.») Billeter, Heinrich, und Felber, Madeleine U., …und das böggenwerck solt abgeschafft syn. Zürcher Fasnacht – Sakkaden – 1489–1999, Zürich 2000, S. 79. Im Folgenden zitiert als: Billeter/Felber 2000.
107 Billeter/Felber 2000, S. 79.
108 *Schmutziger Donnerstag*, wie er in Schwaben genannt wird, hat nichts mit Dreck zu tun, sondern leitet sich von dem alemannischen *Schmotz/Schmutz* für *Fett* ab. *Fetten Donnerstag* nennt man den Donnerstag vor Fasnacht auch im Rheinland, in Luxemburg und bei den Flamen. Siehe dazu: Mezger 1991, S. 16, und Becker-Huberti 2000, S. 67–68.
109 *Einanderen gichtig syn bedeutet bekennen, dass das Gerede der Leute begründet sei, dass man einander zu ehelichen begehre.* Schweizerisches Idiotikon, Bd. II, 1885, Sp. 110.
110 SGfV, Historische Quellen, X B 12c, 747 (1540), Originale in: StABS, Gerichtsarchiv U 4, 51v f. und 52.
111 SGfV, Historische Quellen, X B 12c, 750 (1556), Original in: StABS, Ratsbücher, O 9, 104.
112 Mezger 1991, S. 17.
113 Siehe dazu: Mezger 1991, S. 17; aus einer basellandschaftlichen Quelle aus dem Jahr 1606 erfahren wir, dass es offenbar auch der Brauch war, beim Schinder bzw. Wasenmeister Küechli zu holen. «Ahn der fastnacht haben sie bey dem wasenmeister dz küechlin geholt, ahm Sontag vnd Montag, dz ime dem Meister (Wasenmeister) beschwerlich, möchte iren wol entperen, darff sich aber gegen inen nit abwerffen.» («Am Sonntag und Montag der Fasnacht haben sie beim Wasenmeister Küechli geholt, was dieser als mühsam empfand und worauf er hätte verzichten können. Er kann sich dagegen aber nicht wehren.») SGfV, Historische Quellen, X B 12c, 751 (1606), Original in: StABS, Kirchenarchiv, HH 15. 1, 107v.
114 SGfV, Historische Quellen, X B 12 c, 746 (1445), Original in: StABS, Rechnungsbuch Klingental, N, 20ff.
115 Mehr dazu: HdA, Stichwort «Maske, Maskereien», Sp. 1812–1816.
116 Siehe dazu: Text im Quellenanhang zum *«Fritschibesuch in Basel»*.
117 Hugger, Paul, Bruder Fritschi von Luzern. Zur Deutung einer fasnächtlichen Integrationsfigur, S. 113–130, in: Schweizerisches Archiv für Volkskunde 79, 1983, S. 114. Im Folgenden zitiert als: Hugger 1983.
118 Siehe dazu: Hugger 1983, S. 113–116; Basler Chroniken IV, S. 88–97, 160–162; Schaufelberger, Walter, Der Wettkampf in der Alten Eidgenossenschaft. Zur Kulturgeschichte des Sports vom 13. bis ins 18. Jahrhundert, Bern 1972, S. 33; Wackernagel, Rudolf, Geschichte der Stadt Basel, Band III, Basel 1924, S. 4–5; Zehnder, Leo, Volkskundliches in der älteren schweizerischen Chronistik, Basel 1976, S. 320–322. Im Folgenden zitiert als: Zehnder 1976.
119 Zitiert nach: Wackernagel, Hans Georg, Altes Volkstum der Schweiz. Gesammelte Schriften zur historischen Volkskunde, Basel 1956, S. 293. Im Folgenden zitiert als: Wackernagel H. G. 1956.
120 Siehe dazu: Wackernagel, H. G. 1956, S. 293.
121 Siehe dazu: Fechter, Daniel Albert, Topographie mit Berücksichtigung der Kultur- und Sittengeschichte, S. 1–146, in: Basel im vierzehnten Jahrhundert. Geschichtliche Darstellung zur fünften Säcularfeier des Erdbebens am St. Lucastage 1356, herausgegeben von der Basler Historischen Gesellschaft, Basel 1856, S. 17–18. Im Folgenden zitiert als: Fechter 1856; Moser, D.-R., Bräuche und Feste im christlichen Jahresverlauf. Brauchformen der Gegenwart in kulturgeschichtlichen Zusammenhängen, Graz/Wien/Köln 1993, S. 37ff.
122 Mezger 1991, S. 19.
123 Quelle zitiert aus: Schweizerisches Idiotikon, Bd. VII, 1913, Sp. 1190.
124 SGfV, Historische Quellen, X B 12c, 2352 (1433), Original in: StABS, Rufbuch I, 119v.

125 SGfV, Historische Quellen, X B 12c, 2297 (1418) und 2335 (1423), Originale in: StABS, Rufbuch I, 12r und 68v.
126 Klaus, Fritz, Basel-Landschaft in historischen Dokumenten. Teil 3: Im Zeichen des Fortschritts 1883–1914, Liestal 1985, S. 377–378. Im Folgenden zitiert als: Klaus 1985.
127 Schweizerisches Idiotikon, Bd. IV, 1901, Sp. 998–999.
128 Siehe dazu: HdA, Stichwort «Maske, Maskereien», Sp. 1793–1797.
129 SGfV, Historische Quellen, 2376 (1450), Original in: StABS, Rufbuch I, 127v.
130 SGfV, Historische Quellen, 2341 (1432/36), Original in: StABS, Rufbuch I, 94r/106r.
131 SGfV, Historische Quellen, 705 (1538), Original in: StABS, Ratsbücher O 6, 11v.
132 SGfV, Historische Quellen, XVII C, 2379 (1450), Original in: StABS, Rufbuch I, 193r.
133 SGfV, Historische Quellen, X B 12c, 799 (1572), Original in: StABS, Ratsbücher O 11, 27.
134 Verschiedene Schrift- und Bildquellen belegen, dass der Schlitten im engen Zusammenhang mit dem Narr stand. Siehe dazu zum Beispiel: Mezger 1991, S. 59–63.
So erwähnt zum Beispiel auch Sebastian Brant in seinem «*Narrenschiff*» den Schlitten als weiteres Fortbewegungsmittel des Narren: «Des hab ich gdacht zu(o) diser früst; Wie ich der narren schiff' uss rüst; Galeeen / füst (leichtes Rennschiff oder Kaperschiff) / kragk (Lastschiff) / nawen (kleineres Lastschiff) / parck; Kiel / weydling / hornach (wörtlich Schmutznachen: Baggerprahm) / rennschiff stark; Schlytt / karrhen / stossba(e)ren / rollwagen; Ein schiff mo(e)cht die nit all getragen.» Brant, Sebastian, Das Narrenschiff, Tübingen 1986, S. 3, Zeilen 13–18.
135 SGfV, Historische Quellen, X B 12c, 2428 (1515), Original in: StABS, Rufbuch II, 64v.
136 Es handelte sich bei dieser Art Schlitten um ein Modell mit zwei krummen Balken als Kufen und zwei Deichseln, zwischen die sich der Mann stellte, der ihn zog. Siehe dazu: Schweizerisches Idiotikon, Bd. V, 1905, Sp. 14–15.
137 SGfV, Historische Quellen, X B 12c, 2377 (1450), Original in: StABS, Rufbuch I, 192v.
138 SGfV, Historische Quellen, XVII C, 2415 (1502), Original in: StABS, Rufbuch II, 43r.
139 Panizza III 1996, S. 88.
140 Siehe dazu zum Beispiel: Panizza III 1996, S. 90–91.
141 SGfV, Historische Quellen, X B 12c, 2377 (1450), Original in: StABS, Rufbuch I, 192v.
142 Weiss, Richard, Volkskunde der Schweiz, Erlenbach-Zürich 1946, S. 221, 226–227. Im Folgenden zitiert als: Weiss 1946.
143 SGfV, Historische Quellen, XVII C, 2415 (1492), Original in: StABS, Rufbuch II, 42v.
144 SGfV, Historische Quellen, X B 12c, 706 (1539), Original in: StABS, Ratsbücher O 6, 42.
145 Zitiert nach: Moser 1967, S. 147.
146 Meyer 1985, S. 283.
147 Siehe dazu: HdA, Stichwort «Maske, Maskereien», Sp. 1814–1815.
148 Siehe dazu: Wackernagel, H. G. 1956, S. 166–167; Meyer 1985, S. 308–309.
149 Schweizerisches Idiotikon, Bd. VI, Sp. 886.
150 Zitiert nach: Schweizerisches Idiotikon, Bd. IV, 1901, Sp. 648.
151 Hoffmann-Krayer 1992, S. 123–124.
152 Billeter/Felber 2000, S. 84.
153 SGfV, Historische Quellen, X B 12c, 2428 (1515), Original in: StABS, Rufbuch II, 64v.
154 Siehe dazu zum Beispiel: HdA, Stichwort «Maske, Maskereien», Sp. 1812–1815.
155 SGfV, Historische Quellen, X B 12c, 2346 (1436), Original in: StABS, Rufbuch I, 107r.
156 Zitiert nach: Hoffmann-Krayer 1897, S. 135.
157 SGfV, Historische Quellen, X B 7, 718 (1558), Original in: StABS, Ratsbücher O 9, 150.
158 Bärtsch 1993, S. 116.
159 Siehe: Bärtsch 1993, S. 114.
160 Zitiert nach: Bärtsch 1993, S. 115.
161 Lexikon des Mittelalters, Band IV, München/Zürich 1989, Sp. 316.
162 D.-R. Moser ist zwar auch der Ansicht, dass die Fasnachtsspiele ihren Ursprung in den Kirchenspielen haben, geht jedoch davon aus, dass diese Aufführungen dazu dienten, der Bevölkerung den Gegensatz von Fasnacht und Fastenzeit vor Augen zu führen und nicht nur Bibeltexte verständlicher zu machen. Es existieren jedoch auch noch weitere Erklärungsansätze über den Ursprung der Fasnachtsspiele, die jedoch in der neuere Forschung keine Rolle mehr spielen. In der nationalsozialistischen Zeit wurde ihr Ursprung zum Beispiel gern in ominösen Kult-

spielen der Germanen gesehen. Und auch schon im 16. Jahrhundert wurden Zusammenhänge mit heidnischen Bräuchen vermutet. Siehe dazu: Panizza III 1996, S. 88–89.
163 Siehe dazu: Weiss 1946, S. 202–203.
164 Siehe dazu: Bärtsch 1993, S. 29; Panizza II 1989, S. 42–43; D.-R. Moser 1993, S. 148–149; Mezger 1991, S. 495–496, oder Hoffmann-Krayer 1897, S. 136.
165 SGfV, Historische Quellen, XIX, 1236 (1511), Original in: StABS, Ratsbücher O 2, 40.
166 Siehe dazu: Panizza II 1989, S. 42.
167 Das Tagebuch des Johannes Gast. Ein Beitrag zur schweizerischen Reformationsgeschichte, bearbeitet von Paul Burckhardt, Basel 1945, S. 263.
168 SGfV, Historische Quellen, X B 12c, 2413 (1500), Original in: StABS, Rufbuch II, 40v.
169 SGfV, Historische Quellen, X B 12c, 2366 (1445), Original in: StABS, Rufbuch I, 152v.
170 SGfV, Historische Quellen, X B 12c, 2428 (1515), Original in: StABS, Rufbuch II, 64v.
171 Nach Sartori stellen solche Knabenkämpfe die Auseinandersetzung zwischen Sommer und Winter dar. Siehe dazu: Sartori, Paul, Sitte und Brauch, in: Handbücher zur Volkskunde, Band VII/VIII, Dritter Teil: Zeiten und Feste des Jahres, Leipzig 1914, S. 6–7. Im Folgenden zitiert als: Sartori 1914.
172 Siehe dazu: Text im Quellenanhang von Johannes Gast.
173 In Flurnamen können auch noch heute Spuren von früher dort durchgeführten Feuerbräuchen gefunden werden. Über dem Dorf Schiers GR gibt es zum Beispiel einen Felsvorsprung mit dem Namen Schybebüel, was gemäss Richard Weiss darauf hinweisen soll, dass dort früher das Scheibenschlagen, auf das wir später noch zu sprechen kommen, durchgeführt wurde. Im Kanton Thurgau bei Eschlikon finden wir den Namen Funkebüel, die Bezeichnung für den Hügel, wo das alljährliche Fasnachtsfeuer abgebrannt wurde. Siehe dazu: Weiss 1946, S. 268.
174 SGfV, Historische Quellen, X B 12c, 2439 (1476), Original in: StABS, Rufbuch II, 90r.
175 SGfV, Historische Quellen, X B 12c, 739 (1554), Original in: StABS, Ratsbücher O 9, 58v f.
176 Fechter 1856, S. 22.
177 Diese sternartige Form der Scheibe könnte auf den vorchristlichen Ursprung des Scheibenschlagens im Zusammenhang mit einem Sonnenkult hindeuten. Bei Sartori finden wir verschiedene Hinweise darauf, dass es sich beim Scheibenschlagen um einen Akt der Fruchtbarkeitsbeschwörung gehandelt haben dürfte. Siehe dazu: Sartori 1914, S. 107–109.
178 Siehe dazu: Moser, D.-R. 1993, S. 151.
179 SGfV, Historische Quellen, X B 12c, 2377 (1450), Original in: StABS, Rufbuch I, 192v.
180 Siehe dazu: Geiges, Leif, Christen, Hanns U., Zweifel, Meta, Basler Mosaik aus Stadt und Landschaft, Freiburg im Breisgau 1977, S. 73–74; Klaus 1985, S. 371–372; Hoffmann-Krayer 1992, S. 124–125.
181 «Als sich der genannte Tag [21. März 1090] schon der Vesper zuneigte und das Volk dem Beispiel des fleischlichen Israel gemäss gesessen hatte, um zu schmausen und zu trinken, und man sich nun erhob, um zu spielen (Ex 32, 6), da wurde unter den sonstigen Spielübungen in der letzten Stunde, wie gewöhnlich, eine Scheibe am Rand angezündet (discus [...] marginis [...] ut solet accensus) und kraftvoll, mit kriegerischer Hand durch die Luft geschwungen (forte [...] militari manu per aera vibrabatur). Diese Scheibe, mit scharfem Stoss herumbewegt, bot den Anblick einer Flammenscheibe (orbicularem flammae speciem reddens), vorgeführt ebenso zugunsten einer Schaustellung der Kraft wie zum Schauspiel vor den Augen der Bewunderer (tam ostentui virium quam oculis mirantium spectaculi gratiam exhibet). Zuletzt wurde diese Scheibe von irgend einem – nicht so sehr aus böser Absicht wie unglücklicherweise – gedreht, so daß sie nach einem unklugen Schlag auf den höchsten Giebel der Kirche hinaufwirbelte (ad summum ecclesiae fastigium imprudenti iactu evolavit), wo sie sich zwischen den Ziegeln und morschen Balken niederließ und bei bewegtem Wind dem Feuer als Zunder darbot (inter tegulas et cariosos asseres artius insidens, animante vento fomitem incendio prebuit).» Zitiert nach: Moser, D.-R. 1993, S. 151–152.
182 Siehe dazu: Moser, D.-R. 1993, S. 153–154.
183 Moser, D.-R. 1993, S. 154–155.

184 Sartori 1914, S. 107–109.
185 Siehe dazu: HdA, Stichwort «Fackel», Sp. 1111, und Stichwort «Lärm», Sp. 914ff.
186 SGfV, Historische Quellen, X B 12c, 2377 (1450), Original in: StABS, Rufbuch I, 192v.
187 SGfV, Historische Quellen, X B 12c, 741 (1599), Original in: StABS, Kirchenarchiv, HH 15. 1, 32v.
188 SGfV, Historische Quellen, X B 12c, 734 (1605 und 1606), Original in: StABS, Kirchenarchiv, HH 15. 1, 89v und 106v.
189 Siehe dazu: Moser, D.-R. 1993, S. 153–154.
190 Weiss 1946, S. 216.
191 Bärtsch 1993, S. 109.
192 Zitiert nach: Bärtsch 1993, S. 110.
193 Siehe dazu zum Beispiel: Actensammlung der Zürcher Reformation, S. 525, 533.
194 SGfV, Historische Quellen, X B 12c, 2294 (1418), Original in: StABS, Rufbuch I, 9r.
195 SGfV, Historische Quellen, X B 12c, 2346 (1436), Original in: StABS, Rufbuch I, 107r.
196 Zitiert nach: Hoffmann-Krayer 1897, S. 51–52.
197 Actensammlung der Zürcher Reformation, S. 584.
198 SGfV, Historische Quellen, XVII C, 2379 (1450), Original in: StABS, Rufbuch I, 193r.
199 SGfV, Historische Quellen, XVII C, 2415 (1492), Original in: StABS, Rufbuch II, 42v.
200 Siehe dazu zum Beispiel: Actensammlung der Zürcher Reformation, S. 48, 525, 584.
201 Zitiert nach: Wackernagel, Rudolf, Geschichte der Stadt Basel, Band I, Basel 1907, S. 489. Im Folgenden zitiert als: Wackernagel, R. 1907/I.
202 SGfV, Historische Quellen, X B 12c, 740 (1568), Original in: StABS, Gerichtsarchiv, U 5, 245v.
203 Siehe dazu: Wackernagel, H. G. 1956, S. 275–276; Harms, Bernhard (Hg.), Der Stadthaushalt Basels im ausgehenden Mittelalter. Quellen und Studien zur Basler Finanzgeschichte, Erste Abteilung: Die Jahresrechnungen 1360–1535, Band I: Die Einnahmen, Tübingen 1909, S. 507–508.
204 Siehe dazu: Zehnder 1976, S. 607.
205 Für weitere Gründe siehe: Zehnder 1976, S. 607.
206 Hoffmann-Krayer, Eduard, Der Küfer-Tanz in Basel, S. 97–109, in: Schweizerisches Archiv für Volkskunde, XIV, Zürich 1910, S. 97ff.
207 Meyer-Hofmann, Werner, Turniere im alten Basel, S. 22–38, in: Basler Stadtbuch 1970, Basel 1969, S. 22–24. Im Folgenden zitiert als: Meyer-Hofmann 1969.
208 Der Chronist Mathias von Neuenburg: «Hier (Münsterplatz) war es, wo 1315 nach Vollziehung der kirchlichen Feierlichkeiten zu Ehren Friedrichs, des Gegenkönigs Ludwig des Baiers und seines Bruders Leopold, welche in Basel ihr Beilager feierten, Fürsten, Grafen, Herren und Ritter ihre Ritterspiele und Turniere hielten, während die zuschauenden Damen und Bürger rings um auf einer auf dem Hofe errichteten Brüge (Tribüne) sassen.» Zitiert nach: Fechter 1856, S. 22–23.
209 Siehe dazu: Von Wartburg, W., Französisches Etymologisches Wörterbuch, Band I, A–B, Bonn 1928, S. 357.
210 Siehe dazu: Text im Quellenanhang aus der Reimchronik über Peter von Hagenbach und die Burgunderkriege von 1432–1480.
211 Siehe dazu: Reimchronik über Peter von Hagenbach und die Burgunderkriege von 1432–1480, in: Mone, F. J. (Hg.), Quellensammlung der badischen Landesgeschichte, Band III, Karlsruhe 1863, S. 323–324; Panizza III 1996, S. 10, oder Mezger 1991, S. 18.
212 Siehe dazu: Text im Quellenanhang über die *Die bo(e)se vasnacht ze Basel*.
213 Basler Chroniken V, S. 120.
214 Siehe dazu: Wackernagel, R. 1907/I, S. 294–299; Basler Chroniken V, S. 120–122.
215 St. A. Basel, Ratsbücher J, Rufbuch I, S. 84–85.
216 Siehe dazu: Meyer-Hofmann 1969, S. 30.
217 Bei der Tjost verwendete man Lanzen, die mit einem sogenannten Turnierkrönchen (gezackte, flache Metallplatte) bestückt waren, damit der Aufprall der Lanze nicht tödlich wirken konnte. Und auch beim Turnei wurde oft mit stumpfen Waffen gekämpft, um allzuschwere Verletzungen zu vermeiden. Siehe dazu auch: Bruckner, Albert, Turnier, in: Kommentare zum Schweizerischen Schulwandbilderwerk XXI, Bildfolge 1956, Zürich 1956, S. 13–15.
218 Wackernagel, Rudolf, Andrea Cattaro von Padua. Tagebuch der Venetianischen Gesandten beim Concil zu Basel (1433–1435), S. 1–58, in: Burckhardt, Albert, und Wackernagel,

Rudolf (Hg.), Basler Jahrbuch 1885, Basel 1885, S. 28. Im Folgenden zitiert als: Cattaro. Zu den Turnieren vom 20. bzw. 30. Dezember 1433 und vom Dreikönigstag 1435: Siehe bei Cattaro, S. 17–18/45–46.
219 Cattaro, S. 18.
220 SGfV, Historische Quellen, X B 12c, 2352 (1433), Original in: StABS, Rufbuch I, 119v.
221 Siehe dazu: Schweizerisches Idiotikon, Bd. III, 1895, Sp. 940.
222 Siehe dazu: Basler Chroniken I, S. 158; IV, S. 100–103; VI, S. 374–375.
223 Beck, Anita M., Basler Fasnacht, Dortmund 1988, S. 10.
224 Ochs, Peter, Geschichte der Stadt und Landschaft Basel, Basel 1821, S. 402–403.
225 Hoffmann-Krayer 1897, S. 260.
226 Hoffmann-Krayer, Eduard, Bilder aus dem Fastnachtsleben im alten Basel, Zürich 1896, S. 17.
227 Hoffmann-Krayer 1897, S. 260–261.

Bibliographie

a. Abkürzungsverzeichnis

StABS   Staatsarchiv des Kantons Basel-Stadt
SGfV   Schweizerische Gesellschaft für Volkskunde (Basel)
UBB   Urkundenbuch der Stadt Basel

b. Ungedruckte Quellen

Staatsarchiv des Kantons Basel-Stadt: Ratsbücher J, Rufbuch I, S. 84–85.

Schweizerische Gesellschaft für Volkskunde (Basel)/Historische Quellenauszüge:

X B 7, 538 (1553), Original in: StABS, Ratsbücher O 9, 49.

X B 7, 718 (1558), Original in: StABS, Ratsbücher O 9, 150.

X B 12b, 2376 (1450), Original in: StABS, Rufbuch I, 127v.

X B 12b, 2387 (1458), Original in: StABS, Rufbuch II, 4r.

X B 12c, 2294 (1418), Original in: StABS, Rufbuch I, 9r.

X B 12c, 2297 (1418), Original in: StABS, Rufbuch I, 12r.

X B 12c, 2310 (1420), Original in: StABS, Rufbuch I, 28v.

X B 12c, 2335 (1423), Original in: StABS, Rufbuch I, 68v.

X B 12c, 2339 (1428).

X B 12c, 2352 (1433), Original in: StABS, Rufbuch I, 119v.

X B 12c, 2341 (1436), Original in: StABS, Rufbuch I, 106r.

X B 12c, 2346 (1436), Original in: StABS, Rufbuch I, 107r.

X B 12 c, 746 (1445), Original in: StABS, Rechnungsbuch Klingental, N, 20ff.

X B 12c, 2366 (1445), Original in: StABS, Rufbuch I, 152v.

X B 12c, 2374 (1449), Original in: StABS, Rufbuch I, 172v.

X B 12c, 2377 (1450), Original in: StABS, Rufbuch I, 192v.

X B 12c, 2439 (1476), Original in: StABS, Rufbuch II, 90r.

X B 12c, 2400 (1483), Original in: StABS, Rufbuch II, 20r.

X B 12c, 2413 (1500), Original in: StABS, Rufbuch II, 40v.

X B 12c, 2428 (1515), Original in: StABS, Rufbuch II, 64v.

X B 12c, 2432 (1526), Original in: StABS, Rufbuch II, 75v.

X B 12c, 705 (1538), Original in: StABS, Ratsbücher O 6, 11v.

X B 12c, 706 (1539), Original in: StABS, Ratsbücher O 6, 42.

X B 12c, 707 (1540), Original in: StABS, Ratsbücher O 6, 72.

X B 12c, 747 (1540), Original in: StABS, Gerichtsarchiv U 4, 51v f.

X B 12c, 747 (1540), Original in: StABS, Gerichtsarchiv U 4, 52.

X B 12c, 709 (1543), Original in: StABS, Ratsbücher O 7, 45v.

X B 12c, 710 (1546), Original in: StABS, Ratsbücher O 7, 131.

X B 12c, 711 (1546), Original in: StABS, Ratsbücher O 8, 2v.

X B 12c, 2445 (1553), Original in: StABS, Rufbuch III, 12v.

X B 12c, 739 (1554), Original in: StABS, Ratsbücher O 9, 58v f.

X B 12c, 750 (1556), Original in: StABS, Ratsbücher O 9, 104.

X B 12c, 740 (1568), Original in: StABS, Gerichtsarchiv, U 5, 245v.

X B 12c, 799 (1572), Original in: StABS, Ratsbücher O 11, 27.

X B 12c, 741 (1599), Original in: StABS, Kirchenarchiv, HH 15. 1, 32v.

X B 12c, 752 (1599), Original in: StABS, Kirchenarchiv, HH 15. 1, 32.

X B 12c, 752 (1600), Original in: StABS, Kirchenarchiv, HH 15. 1, 26v.

X B 12c, 734 (1605), Original in: StABS, Kirchenarchiv, HH 15. 1, 89v.

X B 12c, 734 (1606), Original in: StABS, Kirchenarchiv, HH 15. 1, 106v.

X B 12c, 751 (1606), Original in: StABS, Kirchenarchiv, HH 15. 1, 107v.

X B 12c, 1677 (1675), Original in: Kirchgemeindearchiv Belp, ChM., Bd. III, V 2.

X B 12c, 756 (1736), Original in: StABS, Kirchenarchiv, HH 14. 2.

X B 12c, 721 (1766), Original in: StABS, J. H. Bieler, Stadtchronik, Af 17, 214.

XVII C, 2379 (1450), Original in: StABS, Rufbuch I, 193r.

XVII C, 2415 (1492), Original in: StABS, Rufbuch II, 42v.

XVII C, 2415 (1502), Original in: StABS, Rufbuch II, 43r.

XVII C, 725 (1531), Original in: StABS, Ratsbücher O 4, 190.

XIX, 1236 (1511), Original in: StABS, Ratsbücher O 2, 40.

c. Gedruckte Quellen

Basler Chroniken I–VIII, Leipzig/Basel 1872–1945.

Brant, Sebastian, Das Narrenschiff, Tübingen 1986.

Cysat, Renward, Collectanea Chronica und denkwürdige Sachen Pro Chronica Lucernensi et Helvetiae, Erste Abteilung Stadt und Kanton Luzern, Erster Band, Zweiter Teil, Luzern 1969.

Das Tagebuch des Johannes Gast. Ein Beitrag zur schweizerischen Reformationsgeschichte, bearbeitet von Paul Burckhardt, Basel 1945.

Egli, Emil (Hg.), Actensammlung zur Geschichte der Zürcher Reformation in den Jahren 1519–1533, Zürich 1879.

Harms, Bernhard (Hg.), Der Stadthaushalt Basels im ausgehenden Mittelalter. Quellen und Studien zur Basler Finanzgeschichte, Erste Abteilung: Die Jahresrechnungen 1360–1535, Band I: Die Einnahmen, Tübingen 1909.

Reimchronik über Peter von Hagenbach und die Burgunderkriege von 1432–1480. In: Mone, F.J. (Hg.), Quellensammlung der badischen Landesgeschichte, Band III, Karlsruhe 1863.

Urkundenbuch der Stadt Basel (UBB), Dritter Band, Basel 1896.

Wackernagel, Rudolf, Andrea Cattaro von Padua. Tagebuch der Venetianischen Gesandten beim Concil zu Basel (1433–1435), S. 1–58, in: Burckhardt, Albert, und Wackernagel, Rudolf (Hg.), Basler Jahrbuch 1885, Basel 1885.

Wolfram von Eschenbach, Parzival, VIII. Buch, 409, Verse 5–11, Studienausgabe, Berlin/New York 1999.

Zehnder, Leo, Volkskundliches in der älteren schweizerischen Chronistik, Basel 1976.

d. Sekundärliteratur

Bärtsch, Albert, Holzmasken. Fasnachts- und Maskenbrauch in der Schweiz, in Süddeutschland und Österreich, Aarau 1993.

Bausinger, Hermann, Für eine komplexere Fastnachtstheorie, S. 101–106, in: Jahrbuch für Volkskunde, Neue Folge 6/1983.

Beck, Anita M., Basler Fasnacht, Dortmund 1988.

Bernheimer, Richard, Wild Men in the Middle Ages. A Study in Art, Sentiment, and Demonology, Cambridge/USA 1952.

Billeter, Heinrich, und Felber, Madeleine U., … und das böggenwerck solt abgeschafft syn. Zürcher Fasnacht – Sakkaden – 1489–1999, Zürich 2000.

Brauer-Gramm, Hildburg, Der Landvogt Peter von Hagenbach. Die burgundische Herrschaft am Oberrhein 1469–1474, Göttingen/Berlin/Frankfurt 1957.

Bruckner, Albert, Turnier, in: Kommentare zum Schweizerischen Schulwandbilderwerk XXI, Bildfolge 1956, Zürich 1956.

Fechter, Daniel Albert, Topographie mit Berücksichtigung der Kultur- und Sittengeschichte, S. 1–146, in: Basel im vierzehnten Jahrhundert. Geschichtliche Darstellung zur fünften Säcularfeier des Erdbebens am St. Lucastage 1356, herausgegeben von der Basler Historischen Gesellschaft, Basel 1856.

Geiges, Leif, Christen, Hanns U., Zweifel, Meta, Basler Mosaik aus Stadt und Landschaft, Freiburg im Breisgau 1977.

Heinz, Dora, Europäische Wandteppiche I. Von den Anfängen der Bildwirkerei bis zum Ende des 16. Jahrhunderts, Braunschweig 1963.

Höfler, Otto, Kultische Geheimbünde der Germanen, Band 1, Frankfurt 1934.

Höfler, Otto, Das germanische Kontinuitätsproblem, Hamburg 1937.

Hoffmann-Krayer, Eduard, Der Küfer-Tanz in Basel, S. 97–109, in: Schweizerisches Archiv für Volkskunde XIV, Zürich 1910.

Hoffmann-Krayer, Eduard, Die Fastnachtsgebräuche in der Schweiz, S. 47–57/126–142/177–194/257–283, in: Schweizerisches Archiv für Volkskunde, 1. Jahrgang, Zürich 1897.

Hoffmann-Krayer, Eduard, Feste und Bräuche des Schweizervolkes, neu bearb. durch Paul Geiger, Zürich 1992.

Hugger, Paul, Bruder Fritschi von Luzern. Zur Deutung einer fasnächtlichen Integrationsfigur, S. 113–130, in: Schweizerisches Archiv für Volkskunde 79, 1983.

Klaus, Fritz, Basel-Landschaft in historischen Dokumenten. Teil 3: Im Zeichen des Fortschritts 1883–1914, Liestal 1985.

Knuchel, Dr. Eduard Fritz, Vogel Gryff. Die Umzüge der Klein-Basler Ehrenzeichen – Ihr Ursprung und ihre Bedeutung, Basel 1944.

Koelner, Paul, Die Basler Fastnacht, S. 176–244, in: Basler Jahrbuch 1913, Basel 1913.

Koelner, Paul, Basler Fastnacht, S. 19–44, in: Fasnachtscomité (Hg.), D'Basler Fasnacht, Basel 1946.

Küster, Jürgen, Fastnachtsgebote als Quellen. Zur Interpretation archivalischer Zeugnisse, S. 53–74, in: Jahrbuch für Volkskunde, Neue Folge 6, Würzburg/Innsbruck/Fribourg 1983.

Laurioux, Bruno, Tafelfreuden im Mittelalter. Die Esskultur der Ritter, Bürger und Bauersleut, Stuttgart/Zürich 1992.

Meuli, Karl, Schweizer Masken, Zürich 1943.

Meuli, Karl, Der Ursprung der Fasnacht, in: Sonderdruck aus Antaios, Aliade, Mircea, Jünger, Ernst (Hg.), Band XI, No. 2, Stuttgart 1969.

Meyer-Hofmann, Werner, Turniere im alten Basel, S. 22–38, in: Basler Stadtbuch 1970, Basel 1969.

Meyer, Werner, Hirsebrei und Hellebarde. Auf den Spuren des mittelalterlichen Lebens in der Schweiz, Olten 1985.

Mezger, Werner, Narrenidee und Fastnachtsbrauch. Studien zum Fortleben des Mittelalters in der europäischen Festkultur, Konstanz 1991.

Migros-Genossenschafts-Bund (Hg.), Feste im Alpenraum, Schweiz, Österreich, Deutschland, Italien, Frankreich, Zürich 1997.

Moser, Dietz-Rüdiger, Nationalsozialistische Fastnachtsdeutung. Die Bestreitung der Christlichkeit des Fastnachtsfestes als zeitgeschichtliches Phänomen, S. 200–219, in: Zeitschrift für Volkskunde, 78. Jahrgang, Stuttgart/Berlin/Köln/Mainz 1982.

Moser, Dietz-Rüdiger, Perikopenforschung und Volkskunde, S. 7–52, in: Jahrbuch für Volkskunde, Neue Folge 6, Würzburg/Innsbruck/Fribourg 1983.

Moser, Dietz-Rüdiger, Elf Thesen zur Fastnacht, S. 75–77, in: Jahrbuch für Volkskunde, Neue Folge 6, Würzburg/Innsbruck/Fribourg 1983.

Moser, Dietz-Rüdiger, Bräuche und Feste im christlichen Jahresverlauf. Brauchformen der Gegenwart in kulturgeschichtlichen Zusammenhängen, Graz/Wien/Köln 1993.

Moser, Hans, Städtische Fasnacht des Mittelalters, S. 135–202, in: Masken zwischen Spiel und Ernst. Beiträge des Tübinger Arbeitskreises für Fasnachtsforschung, 18. Band, Tübingen 1967.

Moser, Hans, Fasnacht, Fassnacht, Faschang, S. 433–453, in: Schweizerisches Archiv für Volkskunde 68/69, Basel 1972/73.

Müller, Christian, Urs Graf. Die Zeichnungen im Kupferstichkabinett Basel, Basel 2001.

Ochs, Peter, Geschichte der Stadt und Landschaft Basel, Basel 1821.

Panizza, Silvio (Hg.), Faszination Lozärner Fasnacht. Geschichte – Zünfte – Fasnachtsbälle, Band II, Luzern 1989.

Panizza, Silvio (Hg.), Faszination Lozärner Fasnacht. Brauchtum – Fasnachtskunst, Band III, Luzern 1996.

Rapp Buri, Anna, Stucky-Schürer, Monica, Burgundische Tapisserien, München 2001.

Röllin, Werner, Fasnachtsforschung in der Schweiz, S. 203–226, in: Jahrbuch für Volkskunde, Neue Folge 8, Würzburg/Innsbruck/Fribourg 1983.

Sartori, Paul, Sitte und Brauch, in: Handbücher zur Volkskunde, Band VII/VIII, Dritter Teil: Zeiten und Feste des Jahres, Leipzig 1914.

Schaufelberger, Walter, Der Wettkampf in der Alten Eidgenossenschaft. Zur Kulturgeschichte des Sports vom 13. bis ins 18. Jahrhundert, Bände I und II (Anmerkungsband), Bern 1972.

Schmidt, Joachim und Gustav, Die Fastnachtszeit (der Fasching), zugrundeliegende Heimatbeilage: Lichtmess und Fastnacht, Nr. 172, in: Oberfränkisches Brauchtum in alter und neuer Zeit, Schmidt, Gustav (Hg.), Bayreuth 1994.

Stumpfl, Robert, Der Ursprung des Fastnachtsspiels und die kultischen Männerbünde der Germanen, S. 286–297, in: Zeitschrift für Deutschkunde 48/1934.

Stumpfl, Robert, Kultspiele der Germanen als Ursprung des mittelalterlichen Dramas, Berlin 1936.

Teuteberg, René, Basler Geschichte, Basel 1986.

Trümpy, Hans, Fastnachtsfeuer im alten Basel, S. 25–29, in: Schweizer Volkskunde 57, Basel 1967.

Trümpy, Hans, Zur Geschichte der Basler Fasnacht, S. 17–23, in: Heman, Peter (Verleger), Unsere Fasnacht, Basel 1971.

Trümpy, Hans, Vogel Gryff in Kleinbasel, S. 90–91, in: Das Jahr der Schweiz in Fest und Brauch, Zürich/München 1981.

Trümpy, Hans, Fasnacht in Basel, S. 128–136, in: Das Jahr der Schweiz in Fest und Brauch, Zürich/München 1981.

Vogtherr, Thomas, Zeitrechnung. Von den Sumerern bis zur Swatch, München 2001.

Wackernagel, Hans Georg, Altes Volkstum der Schweiz. Gesammelte Schriften zur historischen Volkskunde, Basel 1956.

Wackernagel, Rudolf, Geschichte der Stadt Basel, Bände I–III, Basel 1907–1924.

Weiss, Richard, Volkskunde der Schweiz, Erlenbach-Zürich 1946.

e. Nachschlagewerke

Becker-Huberti, Manfred, Lexikon der Bräuche und Feste, Freiburg i. Br. 2000.

Grimm, Jakob und Wilhelm, Deutsches Wörterbuch, Bände I–XVI, Leipzig 1854–1954.

Grotefend, Hermann, Taschenbuch der Zeitrechnung des deutschen Mittelalters und der Neuzeit, Hannover 1971.

Haberkern, Eugen, Wallach, Joseph Friedrich, Hilfswörterbuch für Historiker. Mittelalter und Neuzeit, Bern und München 1964.

Handwörterbuch des deutschen Aberglaubens, Bächtold-Stäubli, Hanns, Hoffmann-Krayer, Eduard (Hg.), Bände 1–10, Berlin/NewYork 2000.

Lexikon für Theologie und Kirche, Bände I–XI, Freiburg/Basel/Rom/Wien 1993–2001.

Lexikon des Mittelalters, Bände I–IX, München/Zürich 1977–1989.

Schweizerisches Idiotikon. Wörterbuch der Schweizerdeutschen Sprache, Bände I–XV, Frauenfeld 1881–1999.

Von Wartburg, W., Französisches Etymologisches Wörterbuch, Band I, A–B, Bonn 1928.

Quellenanhang

In Basel abgehaltenes Turnier

«Auf den Tag der heil. 3 Könige veranstalteten die Spanier ein schönes Turnier, mit einem längs dem Platz ausgespannten Tuch; das Turnier dauerte von 9 bis 2 Uhr, und als sie die Waffen abgelegt hatten, begaben sie sich in das Gemeindehaus, wo ein herrliches Nachtmahl gerüstet war. Dahin kamen auch viele Damen vom Adel. Zuerst wurde in einem Saal voll prächtiger Lichter getanzt, dann setzte man sich zum Mahl, das aus 15 Gängen bestand. Es waren 2 Kredenztische mit Silbergeschirr beladen, in einer Länge von 18 Fuss und einer Breite von 4 Fuss, mit Gestellen, eines über dem andern; darauf standen Kelche, Tassen, Schüsseln, vergoldete Becher, Confektschalen seltenster Arbeit, Salzfässer, Platten, Becken von wunderbarer Schönheit. Als sie gespeist hatten, kamen sie herunter zum Tanz. Die Frauen waren reich gekleidet, mit silbernen Halsbändern voll Figuren; die einen trugen Perlenschnüre auf dem Kopf, die andern Seidentücher, die ihnen bis zum Gürtel herunterfielen. Und es war so geordnet, dass beim Tanzen immer zwei zusammen giengen, mit zwei Fackeln vor jeder Person. Als der Tanz zu Ende war, traten zwölf Maskirte auf und tanzten einen Tanz; dann kleideten sie sich um und erschienen mit Instrumenten. Hinter den Musikern traten 24 Personen ein, die wie Wilde gekleidet waren, mit langen, bis zum Boden herabfallenden Haaren, halb roth, halb grün, mit Schilden am Arm, und mit Keulen aus Leinwand, gefüllt mit Werg; man machte ihnen freien Raum und da begann ein lebhafter Kampf, indem sie mit ihren Keulen einander auf die Köpfe und um die Schultern schlugen. Zuletzt liessen sie von einander und machten einen Tanz. Darauf entspann sich ein neuer Kampf, und mehr als einer fiel wie todt hin. Hierauf verabschiedeten sie sich von den Damen. Alsdann wurde der allgemeine Tanz fortgesetzt bis zum Morgen.»

Wackernagel, Rudolf, Andrea Cattaro von Padua. Tagebuch der Venetianischen Gesandten beim Concil zu Basel (1433–1435), S. 1–58, in: Burckhardt, Albert, und Wackernagel, Rudolf (Hg.), Basler Jahrbuch 1885, Basel 1885, S. 45–46.

Fritschibesuch in Basel

«Zu ewiger gedechtnusz wellen alle unser nachkomen wussen und ingedenk sin, das in dem jar do man zalt 1507 etlich burger der statt Basel unsern getruwen lieben eydtgnossen von Lutzern im eltesten burger, genant bruder Fritzschin, heimlich in guter *geselschaft entwert, und den selben bruder har in ein statt Basel gefürt, der sich bis uff nativitatis Marie in dem achtenden jar daselbs by uns enthalten. das aber unser eydtgnossen von Lutzern nit wyter haben wellen gestatten, sonder furgevaster meynung worden, den selben irn burger widerumb zu irn handen ze bringen; und daruf ir und unser lieb eydtgnossen von Ury, Switz, Underwalden und Zug inen hilfflich zu sind und zuzeziehen gemandt, und uns, dem selben nach, disen nachgeschribnen brief uff sonntag nach nativitatis Marie har gen Basel zugesandt haben. der selb brief lutet also:*

Schultheis und rat der statt Lutzern, den fromen, fursichtigen, wysen, burgermeister und rat zu Basel, unsern besondern guten frunden und getruwen lieben eydtgnossen. Unser fruntlich willig dienst, und was wir eren, lieps und guts vermogen, alle zyt zuvor bereit. fromen, fursichtigen, wysen, sondern guten frund und getruwen lieben eydtgnossen. uns zwyvelt nit, ir syen bericht der grosen beswa(e)rd und anligens, so uns vergangens jars begegnot mit unserm lieben alten burger bruder Fritzschin, als der sins alters halb in die, aberwitz komen, sich hat lasen bereden und bewegen, in solhem sinem alter, das doch sorgveltig, zu wandlen. und dardurch er von uns an sinem furnemmen nit gejrt, hat er sich by nacht und nebel usz unser statt und gepieten so heymlich getann, das wir ein zyt nit haben mögen wuszen, was sin furnemmen gewesen. dann wo er nit so alt, heten wir vermeint, er welte sich, als er vormal mer getann, mit einem gmahel versehen. demnach, getruwen lieben eydtgnossen, haben wir vernommen, wie er zu uch kommen, da im so fruntlich bescheen, und uwer erlich wesen so wol gevallen, das er sich, als die alten gern sind, da man inen gütlich thüt, by uch zu enthalten understanden. und wiewol er vil bas by uch versorgt, so hat doch sin fruntschaft mit sambt sinen zunftprudern so grosen ruwen an im, das moglicher were, den Rhin obsich ze keren, dann sin abwesen lenger zu gedulden. haben die selben uns also gepetten, inen zu dem irn wider zu verhelfen und alles das zu gebruchen, das wir einem burger, dero er der eltest ist, phlichtig sind, uns dermasz ermant, das wir darwider nit sin konen noch mogen. und wann aber us solhem grosz winvergiessen entspringen mocht, wil uns gezymben, unbewart unser eren sollichs nit furzenemen, sonders vor ze warnen. darumb haben wir uwer lieb sollichs nit wellen verhalten, und verkunden dero, das wir in dem namen gottes, uff frytag nach des heiligen crutzes tag, zu rosz, schif und fus, mit anderthalbhundert mannen ungevarlich us und zu uch ziehen, den nechsten morndes am sambstag, zu frugem nachtmal uch anzugriffen und understann, den obgemelten unsern burger zu erobern und unsern handen zu pringen. und als dann der selb unser burger hievor by unsern lieben eydtgnossen den drygen Lendern gewybet, dahar er noch ein grose fruntschaft hat, wellen wir uns versehen, die selben unser lieb eydtgnossen mit sambt unsern lieben eydtgnossen von Zug, die wir umb hilf gemandt haben, werden ouch uns bystendig sin. darnach wusse sich uwer lieb zu richten und uns zu begegnen dermasz, das vil lerer vasz werden; wellen wir in gacher wys beschulden. datum uff nativitatis Marie anno ec. 8. (8. Sept. 1508)

Daruff haben wir innen wider geschriben, uff meynung wie harnach volgt: Peter Offenburg burgermeister und der rat der statt Basel, den fromen, fursichtigen, wysen, schultheis und rat zu Lutzern, unsern sondern guten frunden und getruwen lieben eydtgnossen. Unser fruntlich willig dienst, und was wir eren, lieps und gutz vermögen, zuvor. fromen, fursichtigen, wysen, sondern guten frund und getruwen lieben eydtgnossen. Wir haben uwer trowlich schryben und warnung, uns by disem bringer zugeschickt mit anzaig, wie ir mit sambt andern bewanten uwern eltosten burger bruder Fritschin, der sich by uns enthalten hab, wider wellen behanden ec., wol verstanden, und sollen ir daruf glouben, das wir darob gantz kein erschreken, sonder hertzlich wolgevallen enphangen haben. wir wellen ouch uwer also mit stanthaften begirden erwarten, und uns mit unserm besten gezuk so tief ingraben, und in grossen und deinen stuken – lugent ist dermasz – in die gegenwer richten, das vilicht noch menger des gnug mocht enphahen. deszhalb so wellen kecklich harfaren, so werden wir uch onverzaklich begegnen. und damit wir merken mogen, das wir unerschroken sigen, so haben wir yewelten von unsern altvordern gehort: ye mer vygent, ie mer eren. der ursach ist unser hochste begird, das ir unser bru(e)der von Ury, Switz, Underwalden und Zug, ouch wer uch sunst geliept und gelieben well, in uwer sterk, uff hochst vermanung uwer verwandtlichen phlicht, zu disem veltstryt beruffen und laden. dann wir nit minder begirlichs willens sind, mit unserm guten gezug, sy mit uch zu bestrytten. gang recht ein winvergieszen und schalschlahen, mit sampt dem halsabwurgen und hu(e)nerstechen darnach, was da welle. wir sind aber ie der hoffnung, so wir also zusammen kommen, es werde durch mitlung bruder Fritschins ein vermehlung einer ewigen fruntschaft dermasz gmacht, ob glichwol der selb from bruder bewegt wurd, personlich von uns zu keren, das er dennocht sin getruw hertz, daruf wir tröstlich setzen, von uns nit abwenden wurd, derglich sich der selb bruder und sin fruntschaft zu uns ouch hat zu vertrosten. datum sonntags nach nativitatis Marie anno ec. 1508. (10. Sept. 1508)

Dem selben nach sind die gedachten unser lieb eydtgnossen von Lutzern mit anderhalphundert hupscher knechten, darunter ir bed nuw und alt schultheissen, und by inen achtzehen der ra(e)ten und sunst vil ersamer menner, ouch dero von Ury und Switz treffenlich botschaft – dann ir kilchwyhe halb die selben unser eydtgnossen by uns die zyt nit haben mogen komen – uff sambstag nach des heiligen crutzes tag siner erhohung, zu schif bis an die Pirs komen und daselbs usgestanden (bei Birsfelden); *da wir sy im veld unser treffenlich ratzfrund, nemlich hern Peter Offenburg burgermeister zu rosz, Fridrichen Ilartman und Mathisen Isellin zu fus, fruntlich zu enphahen verordnot, als das im veld und dannenthin uf dem Kornmerkt gepurender gestalt bescheen ist.*

Es sind ouch von allen zunften die hubschten und bas gerusten mit cleydern und geweren usgeschoszen, mit sambt unsern jungen kindsknaben engegengezogen bis uf die Pirsz, und daselbs das erst enphahen bescheen. und als sy har in einer Ordnung, nemlich vor den unsern, gezogen, ist bruder Fritzschy uff dem richthus in den laden zwuschen hern Lienharten Grieben obersten zunftmeister und hern Wilhelmen Zeigler alten burgermeister gelegen, sin lieb frund mit fruntlichem nicken enphahende; darab sy gros gevallen gehebt. und als das redlin an dem Kornmerkt gemacht (Umzug rings um den Platz), *sind die obgemelten houpter und die verordneten ra(e)t zu dem nuwen hern burgermeister an den Kornmerkt komen mit bruder Fritschin, und hat der burgermeister die selben unser lieb bru(e)derlich eydtgnossen, wie vor erlut, mit gepurender erbietung enphangen; doruf iederman an sin herberg gezogen. und ist von einem ersamen rat vormals geordnot und angesehen gewesen, wo yeklich parthyen und personnen zu herberg liggen solten, nemlich in den offnen wurtzhusern ieklichem wurt uffgelegt, so vil er hat mogen halten. dagegen haben ouch vil burger die besten und ir gut frund heim gefu(e)rt und beherberget. und ist geordnot gewesen, das die selben unser lieb eydtgnossen uff dryen stuben alle ymbis, so lang sy by uns hie gewesen sind, morgens und nachts geessen haben, nemlich zu dem Brunnen, zu dem Saffrann* (jetzt Gerbergasse 11) *und uff der Schmidt hus* (jetzt Gerbergasse 24), *da innen ere nach vermogen mit visch, fleisch, hu(e)ner und wiltpra(e)t bewysen.*

Es ist ouch unser gnediger her der bischof und etlich ander prelaten und thumbherren innen zu eren gladen. und ist den selben unsern lieben eydtgnossen ein erlicher tantz, der sich von vile der arten in dry ta(e)ntz hat mu(e)sen teilen, uff sonntag uf sant Peters platz gehalten; dahin ein vasz mit win gefu(e)rt, und den frowen ein abentbrot mit confect geben ward. item es sind ouch von ieder zunft und von ieder geselschaft uber Rin zwen redlich man mit benglen verordnot gewesen, die bruder Fritzschins, des tantzes und sunst alle ymbis gewartet haben.

Item es sind ouch uff yeklicher stuben, da unser eydtgnossen geessen haben, einer von der hohen stuben, zwen der ratten und sunst ratzherren, meister und etlich sechs der selben zunft verordnot, die gwalt gehebt haben, essen anzeslahn, hu(e)ner, fleisch, visch und anders zu bestellen, nach den malen dank ze sagen und widerumb zu laden. und uff ieklicher stuben zwen knecht bestelt, mit sampt knechten und junkfrowen, wie die notdurft ervordert hat.

Item an dem mentag haben min herren zu verschieszen mit der buchsen, nemlich dry gulden fur das best, zwen und ein, usgeben; das uberig ist durch den toppell angelegt, und darumb geschossen, und ieklicher obentur ein vennlin gmacht. ein halb fuder wins hinus an die zilstatt (Schützenmatte) *gefurt, und iederman getrunken; was da verzert, von einem rat bezalt. item by 7 fuder wins sind erkouft, zu dem Hermlin* (jetzt Freie Strasse 13 und 15) *glegt, uff die stuben tragen, und darzu zwen der raten verordnot gewesen. item min gnediger her von Basel und min her der wychbischof haben etlich kannen mit malvasier geschenkt, und der apt von Lutzel ein halp fuder wins; ist alles uffgangen.*

Item unser eydtgnossen sind von dem sambstag bis mithwochen hie belyben, und an der mithwochen fru(e)g hinweg gezogen, da wir sy erlich bis an die Pirs (bis zur Brücke bei St. Jakob) *beleitet. und haben wir innen 80 karphen gen Liestal furen und schenken lasen uff den ymbis, und ein treffenlich botschaft, by sechs der ra(e)ten, zu verordnot, sy zu beleyten. und hat ein rat in den herbergen, wa sy glegen sind, alle morgenbrot, abenurten, schlafftrunk und allen uncosten gar und gentzlich bezalt und sy deshalb enthept. unser eydtgnossen sind ouch mit grosser danksagung und fruntlichem begnaden abgescheiden, mit einer erlichen letzi, die usgeteilt worden ist, inhalt eins zedels, so der stattschriber von Lutzern mit dem letzgelt ubersandt hat.*

Item ein brunknecht hat brudern Fritzschin getragen, der ist von lib stark, aber nit vast witzig gewesen. dem hat ein rat ein rok und ein par hosen gmacht, darzu sind 10 ein Lundesch thuch (Londoner Tuch) komen; und ist der selb Fritschy mit unsern eidtgnossen hinus geritten. dem haben sy ouch ein rok geschenkt. und haben unser lieb eydtgnossen von Lutzern darnach irn schultheisen hern Jacoben Bramberg mit irm underschryber har geschikt und uns der grosen eer und fruntschaft – die niemermer zu guten vergesen werden, und mit hilf des almechtigen noch mer liebi vind fruntschaft gepa(e)ren sol – mit hohem vlys gedankt. und ist uber sollich bruderlich wurtschaft gangen und usgeben, wie harnach stat.»

Item	31	lib.	11	s.	–	d.	umb brot.
»	110	»	19	»	7	»	umb 1764 huner, junge und alte, und uncosten.
»	64	»	5	»	9	»	umb rindfleisch, kelber, spinwider, lumel ec.
»	74	»	4	»	–	»	umb 53 lechs, einen umb 1lib. 8s. kouft.
»	38	»	6	»	4	»	umb 50 stockvisch, 80 karphen und ander visch.
»	109	»	12	»	6	»	umb 54 som, 9 viertel, 4 masz wins.
»	12	»	13	»	8	»	umb anken, speck, pfeffer, mel, zibelen, peterli, eyger, saltz.
»	3	»	6	»	–	»	umb kes.
»	8	»	7	»	8	»	umb trubel und obs.
»	1	»	6	»	10	»	umb kertzen.
»	12	»	6	»	–	»	umb 41 lib. confect.
»	2	»	4	»	6	»	umb holtz.
»	16	»	12	»	–	»	umb specery.
»	3	»	1	»	4	»	umb 84 burdi schindelteller.
»	14	»	11	»	6	»	dem knecht uff der Schmidt hus fur specery, holtz, saltz und anders geben.
»	20	»	10	»	6	»	zum Saffran umb specery, holtz, saltz und anders geben.
»	2	»	19	»	3	»	zu(o)m Brunnen umb liechter, holtz und anders geben.
»	1	»	5	»	–	»	dem koch zum Prunnen.
»	1	»	5	»	–	»	» » » Saffran.
»	1	»	5	»	–	»	» » uff der Schmid hus.
»	1	»	5	»	–	»	Symon dem koch.

»	8	»	5	»	–	»	den underkochen, knechten und frowen, die in der kuchy und sunst gedient und ufftragen haben.
»	4	»	7	»	8	»	in mengerley wys uncosten gehebt.
»	191	»	1	»	1	»	allenthalb in den herbergen zu(o) schlafftrunken, morgensuppen und abenturty verzert.
»	48	»	12	»	8	»	den weyblen, botten, spillutten und narren geschenckt.
	784	lib.	4	s.	10	d.	

Basler Chroniken IV, Leipzig 1890, S. 92–97; S. 161.

Ausschnitt aus Johannes Gasts Convivales Sermones

Denselben Brauch haben einst noch in meiner Zeit die Basler Knaben in den Fastnachtstagen bewahrt. (Gast bezieht sich hier auf einen Bericht aus Novgorod in Russland.) *Eine grosse Schar junger Burschen strömte nämlich am Sonntag Quadragesima* (Sonntag Invocavit oder alte Fasnacht) *gegen Abend mit brennenden Fackeln beim Turm auf einer Anhöhe zusammen. Der liegt neben dem sogenannten Steinentor (in der betreffenden Vorstadt wohnt der grössere Teil der Weber), und man nennt ihn seiner Höhe wegen ‹Luginsland›, denn man überblickt von ihm fast den ganzen Sundgau, und alle Felder rings um die Berge samt den gar lieblichen Wiesen liegen einem dort deutlich vor Augen. Die Burschen also schlugen einander gegenseitig mit den Fackeln bis aufs Blut, und oft fügten sie sich selber grossen Schaden zu, so dass der Rat gezwungen war, diese alte Überlieferung abzuschaffen, obwohl der einmal angenommene Brauch noch jetzt kaum preisgegeben wird. Alljährlich werden Stadtknechte dorthin geschickt, die sich gewaltig anstrengen, damit die Burschen nicht dort zusammenströmen. Sie treiben die, welche herbeieilen, auch mit Stöcken zurück, falls sie mit Drohungen nichts ausrichten. – Woher aber dieser Brauch zu uns gekommen ist, das lässt sich nicht sicher sagen. Gewisse Leute glauben, dass an jenem Platz von den Alten Bacchanalien gefeiert worden seien, weil er in der Höhe liegt, und man habe dort ein Feuer angezündet, das man in der Nachbarschaft ausgezeichnet sehen konnte. Noch heute* (um 1530) *vereinigen sich allenthalben in den umliegenden Gebieten während jener Nacht die Bauern. Mit brennenden Fackeln ersteigen sie die Anhöhen und entzünden einen Stoss von zusammengetragenem Holz. Etwa eine halbe Stunde bleiben sie beim Feuer; dann kehren sie nach Hause zurück und jauchzen vor Freude über die lodernden Holzstösse. Ausserdem verbringen sie die Nacht mit Zechen.*

    Gast, Johannes, Convivales Sermones, in: Zehnder, Leo, Volkskundliches in der älteren schweizerischen Chronistik, Basel 1976, S. 310–311.

Wie Peter von Hagenbach rufte zu(e) ein stechen vor den frawen by nacht uf der herren stuben zum Juden, und woren gemacht ro(e)sslin, ir schilt woren gross lebku̇chen, der wart etwan meniger (mancher) zerbrochen und gessen. [19.–22. Februar 1474]

Hagenbach hat gemacht
ein hübsch spyl bey nacht
mit turnieren und stechen,
die sper vor den frawen brechen.
Als mit hübschen lüsten (Listen)
kunt er das spil zurüsten.
Die man sich selber ritten,
ir ro(e)sslin woren geschnitten
von holz und von siden
vor den stolzen wüben,
schimpflich wolgeborn.
Ir schilt lebkuchen woren,
und brochen do zu stucken.
Menglich (Mancher) begund (täte) sich do bucken,
die stuck uf zu lesen,
das was Hagenbachs wesen.

Reimchronik über Peter von Hagenbach und die Burgunderkriege von 1432–1480, in: Mone, F.J. (Hg.), Quellensammlung der badischen Landesgeschichte, Band 3, Karlsruhe 1863, Kapitel 75, S. 323–324.

Die bo(e)se vasnacht ze Basel

«Des jares do man zalte von gottes gebúrte 1376 jar do was der alte hertzog Lútpolt von Oesterrich, dis nechsten hertzog Lútpols vatter, ze Basel und hat ein hoff da uff die vasnacht. Und als man uff der Burg (Münsterplatz) stach, und die rosz umb die fu(o)szlúte lúffent und die sper under sie fielent, do wurdent sy zornig und schalkhafftig, und schruwent zu dem harnesche, und hiessent damit an die glocken schlahen und zugent mit iren panneren uff die Burg. Do was der vorgenant hertzog in des schu(o)lherren hoff gesin, und waz aber her über Rin in die Cleine Statt; die hatte er dozu(o)mal inne von dem bischof von Basel, dem von Vigand. Do lúffe das volk an des [Eptingers hoff, genant] Zyffeners hoffe (heute Rittergasse 12); do was vil frowen, herren, ritter und knecht inne, mit namen gra(u)ve Eggen von Friburg und der von Hasenburg; und huwent da das thor uff und uberlúffent da die frowen und herren, und erslu(o)gent da drye edelman und ettwie manigen armen knecht. Und entran gra(u)ve Egen hinden us dem hof. Do kam der von Hasenburg in ein sprachhus und werte sich darinne lang. Und da stu(o)nt Peter von Louffen der oberest zunftmeister uff den brunnentrog, und ru(e)ffte und gebott by libe und by gu(o)t, das man nieman me slu(e)ge und iederman gefangen neme. Also wart da gefangen gra(u)ve Ru(o)dolff von Habspurg, gra(u)ve Heinrich von Tettnang von Montfort, herr Engelhart von Winsperg, und [zwen] gra(u)ven von Zolr, und marggra(u)ffe Ru(o)dolff von Hochberg herre ze Ro(e)ttelin und ze Susenberg, und ettwie vil ritter und knechte, die man nit all genemen kann. Un wart darnach balde gerichtet o(u)ne allen krieg; und schlu(o)gent die von Basel der gemeinde ettlichen die ko(e)pffe abe, und verschicktend ir ouch ettwi vil ewenklichen von der statt, und bessertent ouch die edellute, die da tot warent; und was damit us.»

Basler Chroniken, Band V, IV. Die Röteler Chronik. 1376–1428, Leipzig 1895, S. 120–122.

Von fasnacht narren

Ich weiss noch ettlich fassnacht narren
Die inn der dorenkapp beharren
Wann man heilig zyt sol vohen an
So hyndern sie erst yederman
Eyn teyl / die du(o)nt sich vast berutzen
Antlitt / und lib sie gantz verbutzen
Und louffen so in bo(e)cken wiss
Ir anschlag stat uff ha(e)lem yss
Mancher will nit / das man jn kennt
Der sich doch selbst zu(o) letsten nennt
So jm der kopff schon ist vermacht
Will er doch / das man uff jn acht
Dz man sprech / schow min herr vō Rūckel
Der kumbt un bringt am arm eyn kunckel
Es mu(o)ss jo ettwas gross bedütten
Das er doch kumbt zu(o) armen lüten
Durch syn demu(o)t unss du(o)t besehen /
Syn meynung ist / er wolt gern schmehen
Und eym zu(o) fassnacht eyger legen
Die guckguck syngend jn dem meygen /
Ku(e)cheln reicht man jn manchem huss
Do wa(e)ger wer man blib dar uss
Ursach zu(o) zelen / ist so vil
Das ich vil lieber schwigen will /
Aber die narrheyt hat erdacht
Das man su(o)ch freüden zu(o) fassnacht

So man der selen heyl solt pflegen
So go(e)nt die narren erst den segen
Und su(o)chent dann jr fa(e)st har für
Das es vast nacht sy vor jr tür
Der narren / kyrchwych man wol kennt
Jo wol vast nacht würt es genennt
Man loufft dar affter uff den gassen
Jm moss / als solt man ymen fassen
Welcher dann mag syn scho(e)llig gantz
Der meynt er hab billich den krantz
Von eym huss zu(o) dem andern loufft
Gross füllen er on bar gelt koufft
Das selb dick wa(e)rt noch mitter nacht
Der tüfel hat das spiel erdacht
So man solt su(o)chen selen heyl
Das man erst dantz am narren seyl
Mancher der füll du(o)t so vergessen
Als solt er jn eym jor nit essen
Und losst sich nit begnu(e)gen mit
Das er sich füll biss metten zytt
Verbottne spiss schadt dann nitt
Man isst die selb biss gegen tag
Worlich ich das sprich / red / und sag
Das weder Juden / Heyden / Datten
Jrn glouben als schentlich bestatten
Als wir die kristen wellen syn
Und du(o)nt mit wercken kleynen schyn
So wir jm anfang unser andacht
Zu(o) rüsten erst dryg / vier / vassnacht
Und werden erst on synnen gar
Das selb das wert dann durch das jar
Brechen das houbt der vasten ab
Do mitt sie mynder krefften hab /
Wenig sich zu(o) der a(e)schen nahen
Das sie mit andacht die entpfahen
Fo(e)rchten die a(e)sch die werd sie bissen
Lieber wendt sie jr antlitt bschissen
Und sich bero(e)men / wie eyn kol
Des tüfels zeychen gfelt jn wol /
Das zeichen gots / went sie nit han
Mit Christo went sie nit erstan
Die frowen gont dann gern zu(o) strossen

Das man sie dest bass künn bemossen
Der kyrchen schonen ettlich nitt
Sie louffen dryn / und durch die mill
Und du(o)nt die frowen drynn beschmieren
Das halt man für eyn gross hofieren
Die wu(e)st rott / du(o)t den esel tragen
Der sie die gantz statt macht umb jagen
So ladt man dann zu(o) dantz und stechen
Do mu(o)ss man erst die sper brechen
Und bringen narren recht zu(o) samen
Buren / hantwerck / du(o)nt sich nit schamen
Und nemen sich ouch stechens an
Der mancher doch nit ryten kan
Des würt mancher gestochen dick
Das jm der hals bricht oder rück /
Das soll eyn hübscher schympff dan syn
Dar noch füllt man sich dann mit wyn
Von keyner vasten weiss man sagen
Das wesen wa(e)rt ob vierzehen tagen
Die fast ganz uss / an ettlich enden
Die karwu(o)ch du(o)t sie kum abwenden
So kumbt man zu(o) der bicht zu(o) zyt /
Wann man die hültzen tafflen lüt
So vacht man dann den ruwen an
Das man well morndes wider dran
Dem narren seil me hengen noch
Von Emaus ist unss allen goch
Die gwychten fladen unss nit schmecken
Das houbt das du(o)t man bald entdecken
Es mag gar licht eyn wynd har fegen
Er du(o)t den frowen die sturtz ab wegen
Die hangen an den na(e)chsten hecken
Die frowen went sich ungern decken
Reytzen do mitt die mann und knaben
Die narrenkapp sie lieber haben
Das man die oren dar uss streck
Dann das man sich mit stürtzen deck
Do mit so mag ich wol beschliessen
Wie wol ettlich hant drab verdriessen
Das / wo man su(o)cht alleyn fastnacht
Das nyemer druss wurt recht andacht
Und wie wir schicken unss zu(o) gott

Losst er unss dick biss jn den dott
Die narrenkapp hat angst und nott
Und mag nit so vil ru(o)wen han
Das sie doch blib die fasten stan
Man streifft sie jn der karrwoch an

Brant, Sebastian, Das Narrenschiff, Tübingen 1986, [110 b.], S. 306–309.

Zwei Quellenausschnitte aus den Basler Rufbüchern

«*Jr und menglich wissent wol dz üf dise zyt* (Konzil) *herre jn der statd treffenlich ernstlich sachen bede geistlich und weltlich uß ze tragende sint darumb alte verlassene wisen billich vermitten sollent werden..dz niemand jn Böcken wise noch in Göler wise oder in tüfels hüten louffen sölle noch sich verendere jn dhein* (keiner) *wise noch wege mit den kleidern Es soll ouch niemand bosseln denn sich yedermann zuchtlichen halten..dis heilige hochzit* (Weihnachten) *und ouch darnach über die vaßnacht Es soll ouch niemand umb würste singen noch umb geld noch dheine* (keine) *bischove noch ander gogkenspil machen noch fürnemen.. Wer..in solicher wise funden wirt nu oder harnach ist bestelt daz man denselben solich narrenspil abezerren sol und müs ouch derselben und alle die mit jm gand und darzü dienet 1 monat vor den crützen leisten..*»
SGfV, Historische Quellen, X B 12c, 2352 (1433), Original in: StABS, Rufbuch I, 119v.

«*Gerüft Montag nach der pfaffen vassnacht*» (Sonntag vor Aschermittwoch)
Liebenn herren und güten fründ Unnsere herren rat unnd meystere lassent güter getrüwer erbarer meynung mengklichen so geistlichen so weltlich bürgerenn hindersässen und inwonneren der Statt Basell sagen warnen und gepieten das niemand wer dy joch sigen jung oder alt so also dyse vassnacht kurtzwylen woltenn oder understu(o)nden es wer uff den gassen tag oder nachts in dy hüser zu gend spil oder anders ze machen und umzyhen taten das dan der selbigen gar und gantz kein boggenantlit für sich machen oder tün sollen sunder wyl yemand also kurtzwylen das doch ein ersamer Ratt niemand weren der oder die selben sollen sich mit den antlitzen innen bey got dem almechtigen verlühen begnügen lassenn und in keinen andern weg verstellenn und so iemand der solich gebott nit haltenn sunder für gon funden würt der oder die selben sollen gefäncklich angenommen mit dem kefy gestrafft darzu(o) ein Pfund dn zu(o) rechter peen on alle gnad verbussen hirnach wüsse sich mengklich ze halten»
SGfV, Historische Quellen, X B 12c, 2431 (1525), Original in: StABS, Rufbuch II, 73v.

Abbildungsnachweis

Abb. 1
Diebold Schilling, Luzerner Chronik 1513. Eigentümerin: Korporationsgemeinde Luzern, Aufbewahrung: Zentralbibliothek Luzern, Schilling, 255v (516)

Abb. 2
Nürnberger Stadtbibliothek, Cod. Nor. K 444, f. I

Abb. 3
Roman de Fauvel, 14. Jh. Bibliothèque nationale de France, Paris. Manuscrits français 146, fol. 34

Abb. 4
Christian Wurstisen, Bassler Chronick. Basel: gedruckt und verlegt von Emanuel Thurneysen, Erster Band 1765, Innenumschlag. Foto: Fritz Zimmer, Basel

Abb. 5
Diebold Schilling, Luzerner Chronik 1513. Eigentümerin: Korporationsgemeinde Luzern, Aufbewahrung: Zentralbibliothek Luzern, Schilling, 15r (39)

Abb. 6
Bauerntanz. Detail vom Holbeinbrunnen. Foto: Fritz Zimmer, Basel

Abb. 7
von ungedult der straff, Holzschnitt aus Sebastian Brant, Das Narrenschiff, Basel, Johannes von Olpe, 1494. Öffentliche Bibliothek der Universität Basel, AO IX 91 fol. 131

Abb. 8
Nürnberger Stadtbibliothek, Cod. Nor. K 444, 77r

Abb. 9
Wirkteppich mit Edelleuten und Wildleuten auf der Falkenjagd, Basel 15. Jh. Historisches Museum Basel, Inv. Nr. 1905.540. Foto: Historisches Museum Basel, Maurice Babey

Abb. 10
Johann Jakob Wick, «Wickiana». Zentralbibliothek Zürich, Ms. F 19, f. 11r

Abb. 11
Historisches Museum Basel, F 1268. Foto: Historisches Museum Basel, Maurice Babey

Abb. 12
Urs Graf, Nackte Fiedlerin mit einem alten Narren. Hessisches Landesmuseum Darmstadt, Inv. Nr. AE 358

Abb. 13
Goldschmiedemodell, Silber, gegossen, vergoldet, ziseliert, Darstellung im Flachrelief nach dem Holbeinschen Bauerntanz, 16. Jh., Tanzender Narr (Moriskentänzer). Historisches Museum Basel, Inv. Nr. 1882.115.12. Foto: Historisches Museum Basel, A. Seiler

Abb. 14
Turnierszene ca. 1480. Öffentliche Bibliothek der Universität Basel, Kalenderfragment saec. XV, AN V 13-1

Abb. 15
Stammbuch des Jacob Götz, 16. Jh., Maskentreiben. Historisches Museum Basel, Inv. Nr. 1870.921. Foto: Historisches Museum Basel, Maurice Babey

Abb. 16
Wirkteppich mit Wilden Leuten auf der Hirschjagd («Flachsland-Teppich»), Ausschnitt, Basel um 1468. Historisches Museum Basel, Inv. Nr. 1981.88.b. Foto: Historisches Museum Basel, Maurice Babey

Abb. 17
Eidgenössische Chronik von Gerold Edlibach. Zentralbibliothek Zürich, Ms. A 77, f. 336r

Abb. 18
Darstellung im Jnnern des Humpens von Hans Heinr. Riva – Hinterglasmalerei auf der inneren Wandung des Riva-Humpens. Schweizerisches Landesmuseum, Zürich. Inv. Nr. 5132. Foto: Schweizerisches Landesmuseum Zürich, Foto Nr. COL-18701

Abb. 19
von nachts hofyeren, Basel uff die Vasenaht 1494, Holzschnitt aus Sebastian Brant, Das Narrenschiff, Basel, Johannes von Olpe, 1494. Öffentliche Bibliothek der Universität Basel, AO IX 91 fol. 151

Abb. 20
Aquarell mit der Darstellung des Basler Küfertanzes in der Art des Franz Feyerabend, 18. Jh. Historisches Museum Basel, Inv. Nr. 1889.99. Foto: Historisches Museum Basel, Maurice Babey

Abb. 21
Urs Graf, Entwurf für eine Dolchscheide mit Trommler und Pfeifer. Feder, 20,2 × 1,8 cm (unten), 7 cm (oben). Öffentliche Kunstsammlung Basel, Kupferstichkabinett, Inv. Nr. U. IX. 59, Müller 2001, Nr. 9. Foto: Öffentliche Kunstsammlung Basel

Abb. 22
Goldschmiedemodell, Silber, gegossen, vergoldet, ziseliert, Darstellung im Flachrelief nach dem Holbeinschen Bauerntanz, 16. Jh. Zwei Musikanten (Dudelsack- und Schalmeispieler) unter einem Baum. Historisches Museum Basel, Inv. Nr. 1882.115.1. Foto: Historisches Museum Basel, A. Seiler

Abb. 23
Urs Graf, Entwurf für eine Dolchscheide mit Narr. Feder, 21,1 × 5,9 cm (unten), 6,8 cm (oben). Öffentliche Kunstsammlung Basel, Kupferstichkabinett, Inv. Nr. U. IX. 60, Müller 2001, Nr. 10. Foto: Öffentliche Kunstsammlung Basel

Abb. 24
Diebold Schilling, Luzerner Chronik 1513. Eigentümerin: Korporationsgemeinde Luzern, Aufbewahrung: Zentralbibliothek Luzern, Schilling, 259r (523)

Abb. 25
Goldschmiedemodell (Dolchscheide), Bleiguss, Oberrhein (?). Mitte 16. Jh. Zechgelage: Drei zechende Männer und ein Narr. Tanzendes Paar. Historisches Museum Basel, Inv. Nr. 1904.1331. Foto: Historisches Museum Basel

Abb. 26
Bauerntanz. Detail vom Holbeinbrunnen. Foto: Fritz Zimmer, Basel

Abb. 27
Franz Feyerabend (1755–1800), Küferumzug auf Holz, 28 × 111 cm, Kunstmuseum Basel, Prof. J. J. Bachofen-Burckhardt-Stiftung, Inv. Nr. 1278a

Abb. 28
Handzeichnung des 15. Jh. von Hans Burgkmair d. Ä., Bauernturnier. Das Städel, Städelsches Kunstinstitut und Städtische Galerie, Frankfurt am Main, Inv. Nr. 641

Abb. 29
Pieter Bruegel d. Ä., *Der Streit des Karnevals mit den Fasten* (Ausschnitt). Kunsthistorisches Museum Wien, GG 1016

Abb. 30
Pieter Bruegel d. Ä., *Der Streit des Karnevals mit den Fasten.* Kunsthistorisches Museum Wien, GG 1016

Abb. 31
Bayerische Staatsbibliothek München. BSB. Cgm. 1930 fol. 5v und 6r

Abb. 32
Dudelsackpfeifer vom Brunnenstock des Holbeinbrunnens, 16. Jh. Historisches Museum Basel, Inv. Nr. 1910.132. Foto: Historisches Museum Basel, Maurice Babey

Abb. 33
Wildmänner auf der Basler Standesscheibe aus dem Rathaus, 1514–1519. Historisches Museum Basel, Inv. Nr. 1935.478. Foto: Historisches Museum Basel, Maurice Babey

Neujahrsblatt der Gesellschaft für das Gute und Gemeinnützige Basel

Lieferbare Titel

Nr. 155 / 1977: Staehelin, Walter
GGG Der Zeit voraus – Dem Staat voraus
Zur Zweihundertjahrfeier der Gesellschaft für das Gute und Gemeinnützige, Basel, mit einem Vorwort von Emil Wamister und einem Register der Neujahrsblätter 1821–1977 von Isabelle Sütterlin. 141 Seiten mit 19 Abbildungen.
Broschiert. Fr. 10.– / € 7.–   ISBN 3-7965-1335-2

Nr. 157 / 1979: Fink, Paul
Vom Passementerhandwerk zur Bandindustrie
Ein Beitrag zur Geschichte des alten Basel.
101 Seiten mit 13 Abbildungen. Broschiert.
Fr. 10.– / € 7.–   ISBN 3-7965-1337-9

Nr. 158 / 1980: Dr. h.c. C. A. Müller (1903–1974)
Geschichte des Dorfes Schönenbuch
Hans Adolf Vögelin (Hrsg.)
128 Seiten mit 14 Abbildungen. Broschiert.
Fr. 10.– / € 7.–   ISBN 3-7965-1338-7

Nr. 159 / 1981: Birkner, Othmar
Bauen und Wohnen in Basel (1850–1900)
64 Seiten mit 33 Abbildungen. Broschiert.
Fr. 10.– / € 7.–   ISBN 3-7965-1339-5

Nr. 161 / 1983: Lüthi, Walter
Der Basler Freisinn von den Anfängen bis 1914
176 Seiten mit 20 Abbildungen und 4 Tabellen.
Broschiert. Fr. 10.– / € 7.–   ISBN 3-7965-1341-7

Nr. 163 / 1985: Grieder, Fritz
Ein halbes Jahrhundert unter der Bundeshauskuppel
Über Herkunft und Tätigkeit von 71 Basler und Baselbieter Parlamentariern, 1920–1970.
245 Seiten mit 23 Abbildungen. Broschiert.
Fr. 10.– / € 7.–   ISBN 3-7965-1343-3

Nr. 164 / 1986: Haeberli, Wilfried
Die Geschichte der Basler Arbeiterbewegung von den Anfängen bis 1914
Band I
195 Seiten mit 10 Abbildungen. Broschiert.
Fr. 10.– / € 7.–   ISBN 3-7965-1344-1

Nr. 165 / 1987: Haeberli, Wilfried
Die Geschichte der Basler Arbeiterbewegung von den Anfängen bis 1914
Band II
191 Seiten mit 11 Abbildungen. Broschiert.
Fr. 10.– / € 7.–   ISBN 3-7965-1345-X

Nr. 166 / 1988: Spycher, Albert
Der Basler Lällenkönig, seine Nachbarn, Freunde und Verwandten
95 Seiten mit 61 Abbildungen. Broschiert.
Fr. 10.– / € 7.–   ISBN 3-7965-1346-8

Nr. 167 / 1989: Roth, Dorothea
Die Politik der Liberal-Konservativen in Basel 1875–1914
154 Seiten mit 15 Abbildungen. Broschiert.
Fr. 10.– / € 7.–   ISBN 3-7965-1347-6

Nr. 168 / 1990: Trevisan, Luca
Das Wohnungselend der Basler Arbeiterbevölkerung in der zweiten Hälfte des 19. Jahrhunderts
125 Seiten mit 40 Abbildungen und 4 Karten.
Broschiert. Fr. 20.– / € 14.–   ISBN 3-7965-1269-0

Nr. 169 / 1991: Bieder, Werner
Erfahrungen mit der Basler Mission und ihrer Geschichte
210 Seiten mit zahlreichen Abbildungen.
Broschiert. Fr. 20.– / € 14.–   ISBN 3-7965-1261-5

Nr. 170 / 1992: Hauss, Barbara
Der Renaissancebau des «Spiesshofes» in Basel
126 Seiten mit zahlreichen Abbildungen.
Broschiert. Fr. 20.– / € 14.–   ISBN 3-7965-1262-3

Nr. 171 / 1993: Meier-Kern, Paul
Verbrecherschule oder Kulturfaktor?
Kino und Film in Basel 1896–1916.
160 Seiten mit zahlreichen Abbildungen.
Broschiert. Fr. 20.– / € 14.–   ISBN 3-7965-1266-6

Nr. 172 / 1994: Becker, Maria
Architektur und Malerei
Studien zur Fassadenmalerei des 16. Jahrhunderts in Basel.
164 Seiten mit zahlreichen Abbildungen.
Broschiert. Fr. 20.– / € 14.–   ISBN 3-7965-1260-7

Nr. 173 / 1995: Janner, Sara
Mögen sie Vereine bilden …
Frauen und Frauenvereine in Basel
im 19. Jahrhundert.
164 Seiten mit zahlreichen Abbildungen.
Broschiert. Fr. 20.– / € 14.–   ISBN 3-7965-1264-X

Nr. 174 / 1996: Hauzenberger, Hans
Basel und die Bibel
Die Bibel als Quelle ökumenischer, missionarischer, sozialer und pädagogischer Impulse
in der ersten Hälfte des 19. Jahrhunderts.
Jubiläumsschrift der Basler Bibelgesellschaft.
260 Seiten. Gebunden.
Fr. 30.– / € 21.–   ISBN 3-7965-1263-1

Nr. 175 / 1997: Meier-Kern, Paul
Zwischen Isolation und Integration
Geschichte der katholischen Volkspartei
Basel-Stadt 1870–1914.
144 Seiten mit zahlreichen Abbildungen.
Broschiert. Fr. 30.– / € 21.–   ISBN 3-7965-1265-8

Nr. 176 / 1998: Meles, Brigitte
… aufgelöst 1996
Das Basler Stadt- und Münstermuseum
im Kleinen Klingental 1939–1996.
162 Seiten. Broschiert.
Fr. 35.– / € 24.50   ISBN 3-7965-1267-4

Nr. 177 / 1999: Staehelin, Martin
**Der Basler Schultheiß Emanuel Wolleb
(1706–1788) und seine satirische Schrift**
Die Reise nach dem Concerte
200 Seiten mit 12 Abbildungen. Broschiert.
Fr. 35.– / € 24.50   ISBN 3-7965-1268-2

Nr. 178 / 2000: Morel, Andreas
**Basler Kost. So kochte Jacob Burckhardts
Grossmutter**
200 Seiten mit 24 meist farbigen Abbildungen.
Mit Beilage «Einige Rezepte zum Nachkochen»
von Andreas Morel. Broschiert.
Fr. 35.– / € 24.50   ISBN 3-7965-1426-X

Auszeichnung: Silbermedaille der Gastronomischen Akademie Deutschlands im Bereich
der «Kulturhistorischen Publikationen»

Nr. 179 / 2001
Basel 1501 2001 Basel
Mit Beiträgen von Werner Meyer, Marc Sieber,
Beat von Wartburg, Bernard Degen, Kurt Jenny,
Philipp Sarasin und Pierre Felder
und einer Beilage von Ulrich Barth:
Wichtige Daten zur Basler Geschichte 1225–2000
mit französischer, italienischer, englischer,
spanischer, türkischer, serbokroatischer und
albanischer Übersetzung.
Redaktion: Maria-Letizia Heyer-Boscardin.
211 Seiten mit 66 Abbildungen, davon 36 in Farbe,
mit Leporello als Beilage. Broschiert.
Fr. 35.– / € 24.50   ISBN 3-7965-1700-5

Nr. 180 / 2002
Michael Kessler, Marcus Honecker, Daniel
Kriemler, Claudia Reinke, Stephan Schiesser
**Strömung, Kraft und Nebenwirkung.
Eine Geschichte der Basler Pharmazie**
192 Seiten mit 93 zumeist farbigen Abbildungen.
Broschiert. Fr. 35.– / € 24.50   ISBN 3-7965-1866-4

Nr. 181 / 2003: Ribbert, Margret
**Auf Basler Köpfen. Kulturgeschichtliche Aspekte
von Hüten, Hauben, Mützen …**
Mit einem Beitrag von Sara Janner.
180 Seiten mit 114 zumeist farbigen Abbildungen.
Broschiert. Fr. 35.– / € 24.50   ISBN 3-7965-1916-4

Nr. 182 / 2004: Sommerer, Sabine
**«Wo einst die schönsten Frauen tanzten …».
Die Balkenmalereien im «Schönen Haus»
in Basel (Nadelberg 6)**
127 Seiten mit 108 zumeist farbigen
Abbildungen und einem Poster mit allen Balkenmalereien. Broschiert.
Fr. 35.– / € 24.50   ISBN 3-7965-2010-3

Nr. 183 / 2005: Zimmer, Katja
**«in Bökenwise» und «in tüfels hüten».
Fasnacht im mittelalterlichen Basel**
105 Seiten mit 33 zumeist farbigen Abbildungen.
Broschiert. Fr. 35.– / € 24.50   ISBN 3-7965-2092-8

Schwabe Verlag Basel

www.schwabe.ch